Polyglott-Reiseführer

Venetien
Friaul

Heidrun Reinhard

W0044339

Polyglott Verlag München

Langenscheidt Mini-Dolmetscher

Allgemeines

Guten Tag.	Buongiorno. [buondsehorno]
Hallo!	Ciao! [tschao]
Wie geht's?	Come sta? [kome sta]
Danke, gut.	Bene, grazie. [bäne grazje]
Ich heiße ...	Mi chiamo ... [mi kjamo]
Auf Wiedersehen.	Arrivederci. [arriwedertschi]
Morgen	mattina [mattina]
Nachmittag	pomeriggio [pomeridseho]
Abend	sera [ßera]
Nacht	notte [notte]
morgen	domani [domani]
heute	oggi [odsehi]
gestern	ieri [järi]
Sprechen Sie Deutsch?	Parla tedesco? [parla tedesko]
Wie bitte?	Come, prego? [kome prägo]
Ich verstehe nicht.	Non capisco. [non kapisko]
Sagen Sie es bitte nochmals.	Lo può ripetere, per favore. [lo puo ripätere per fawore]
..., bitte.	..., per favore. [per fawore]
danke	grazie [grazje]
Keine Ursache.	Prego. [prägo]
was / wer / welcher	che / chi / quale [ke / ki / kuale]
wo / wohin	dove [dowe]
wie / wie viel	come / quanto [kome / kuanto]
wann / wie lange	quando / quanto tempo [kuando / kuanto tämpo]
warum	perché [perke]
Wie heißt das?	Come si chiama? [kome ßi kjama]
Wo ist ...?	Dov'è ...? [dowä]
Können Sie mir helfen?	Mi può aiutare? [mi puo ajutare]
ja	sì [ßi]
nein	no [no]
Entschuldigen Sie.	Scusi. [skusi]
Das macht nichts.	Non fa niente. [non fa njänte]

Haben Sie einen Stadtplan / ein Hotelverzeichnis?	Ha una pianta della città / un annuario alberghi? [a una pjanta della tschitta / un annuarjo albärgi]
Wann ist ... geöffnet?	A che ora è aperto (m.) / aperta (w.) ...? [a ke ora ä apärto / apärta]
geschlossen	chiuso (m.) / chiusa (w.) [kjuso / kjusa]
das Museum	il museo (m.) [il museo]
die Kirche	la chiesa (w.) [la kjäsa]
die Ausstellung	l'esposizione (w.) [lesposizjone]
Wegen Restaurierung geschlossen.	In restauro. [in restauro]

Shopping

Wo gibt es ...?	Dove posso trovare ...? [dowe posso troware]
Wie viel kostet das?	Quanto costa? [kuanto kosta]
Das ist zu teuer.	È troppo caro. [ä troppo karo]
Das gefällt mir (nicht).	(Non) mi piace. [(non) mi pjatsche]
Gibt es das in einer anderen Farbe / Größe?	Ce l'ha anche di un altro colore / un'altra taglia? [tsche la angke di un altro kolore / un altra talja]
Ich nehme es.	Lo prendo. [lo prändo]
Wo ist eine Bank?	Dov'è una banca? [dowä una bangka]
Ich suche einen Geldautomaten.	Dove posso trovare un bancomat? [dowe posso troware un bangkomat]
Geben Sie mir 100 g Käse / zwei Kilo Pfirsiche	Mi dia un etto di formaggio / due chili di pesche. [mi dia un ätto di formadseho / due kili di päske]
Haben Sie deutsche Zeitungen?	Ha giornali tedeschi? [a dsehornali tedeski]
Wo kann ich telefonieren / eine Telefonkarte kaufen?	Dove posso telefonare / comprare una scheda telefonica? [dowe posso telefonare / komprare una skeda telefonika]

Notfälle

Ich brauche einen Arzt / Zahnarzt.	Ho bisogno di un medico / dentista. [o bisonjo di un mädiko / dentista]

Sightseeing

Gibt es hier eine Touristeninformation?	C'è un ufficio di turismo qui? [tschä un uffitscho di turismo kui]

Rufen Sie bitte einen Kranken-wagen / die Polizei.	Chiami un'ambulanza / la polizia, per favore. [kjami un_ambulanza / la polizia per fawore]
Wir hatten einen Unfall.	Abbiamo avuto un incidente. [abbjamo awuto un intschidänte]
Wo ist das Polizeirevier?	Dov'è la polizia? [dowä la polizia]
Ich bin bestoh-len worden.	Mi hanno derubato. [mi anno derubato]
Mein Auto ist aufgebrochen worden.	Hanno forzato la mia macchina. [anno forzato la mia makkina]

Essen und Trinken

Die Speise-karte, bitte.	Il menu per favore. [il menu per fawore]
Brot	pane [pane]
Kaffee	caffè / espresso [kaffä / esprässo]
Tee	tè [tä]
mit Milch /	con latte / zucchero [kon latte / zukkero]
Zucker	
Orangensaft	succo d'arancia [sukko darantscha]
Mehr Kaffee, bitte.	Un altro caffè, per favore. [un altro kaffä per fawore]
Suppe	minestra [minästra]
Nudeln	pasta [pasta]
Fisch / Meeresfrüchte	pesce / frutti di mare [pesche / frutti di mare]
Fleisch	carne [karne]
Geflügel	pollame [pollame]
Beilage	contorno [kontorno]
vegetarische Gerichte	piatti vegetariani [pjatti wedsehetarjani]
Ei	uovo [uovo]
Salat	insalata [inßalata]
Dessert	dolci [doltschi]
Obst	frutta [frutta]
Eis	gelato [dsehelato]
Wein	vino [wino]
weiß / rot / rosé	bianco / rosso / rosé [bjangko / rosso / rose]
Bier	birra [birra]
Aperitif	aperitivo [aperitiwo]
Wasser	acqua [akua]
Mineralwasser	acqua minerale [akua minerale]
mit / ohne Kohlensäure	gassata / naturale [gassata / naturale]
Frühstück	prima colazione [prima kolazjone]
Mittagessen	pranzo [prandso]
Abendessen	cena [tschena]
eine Kleinigkeit	uno spuntino [uno spuntino]
Ich möchte bezahlen.	Il conto, per favore. [il konto per fawore]

| Es war sehr gut / nicht so gut. | Era molto buono. / Non era buono. [ära molto buono / non ära buono] |

Im Hotel

Ich suche ein gutes / nicht zu teures Hotel.	Cerco un buon albergo / un albergo economico. [tscherko un buon albärgo / un albärgo ekonomiko]
Ich habe ein Zimmer reserviert.	Ho riservato una camera. [o riserwato una kamera]
Ich suche ein Zimmer für ... Personen.	Cerco una camera per ... persone. [tscherko una kamera per ... perßone]
Mit Dusche und Toilette.	Con doccia e servizi. [kon dotscha e serwizi]
Mit Balkon / Blick aufs Meer.	Con balcone / vista sul mare. [kon balkone / wista sul mare]
Wie viel kostet das Zimmer pro Nacht?	Quanto costa la camera per notte? [kuanto kosta la kamera per notte]
Mit Frühstück?	Con prima colazione? [kon prima kolazjone]
Kann ich das Zimmer sehen?	Posso vedere la camera? [posso wedere la kamera]
Haben Sie ein anderes Zimmer?	Avete un'altra camera? [awete un_altra kamera]
Das Zimmer gefällt mir (nicht).	Mi piace la camera. / La camera non mi piace. [mi pjatsche la kamera / la kamera non mi pjatsche]
Kann ich mit Kreditkarte bezahlen?	Posso pagare con carta di credito? [posso pagare con karta di kredito]
Wo kann ich parken?	Dove posso mettere la macchina? [dowe posso mettere la makkina]
Können Sie das Gepäck in mein Zimmer bringen?	Mi può portare i bagagli in camera? [mi puo portare i bagalji in kamera]
Haben Sie einen Platz für ein Zelt / einen Wohnwagen / ein Wohn-mobil?	C'è ancora posto per una tenda / una roulotte / un camper? [tschä angkora posto per una tända / una rulott / un kamper]
Wir brauchen Strom / Wasser.	Abbiamo bisogno di corrente / acqua. [abbjamo bisonjo di korränte / akua]

Allgemeines

Städtebeschreibungen

Trient – Renaissance im Gebirge   S. 24

Kirchenfürsten versahen die Stadt im Etschtal mit dem romanischen Dom, Renaissance-Straßen und der mächtigen Bischofsburg.

Verona – Römisch, romanisch, ritterlich   S. 28

Spaziergänge durch eine berühmte und heitere Stadt mit malerischen Plätzen zwischen den Kulissen der Römerzeit und des Mittelalters.

Vicenza – Die Stadt Palladios   S. 36

Die Noblesse eines großen Renaissance-Baumeisters prägt das Stadtbild: die „Basilika" an der Piazza, Paläste in den Straßen und Villen auf grünen Hügeln.

Padua – Wissenschaft und Wunderglaube   S. 42

Eine der ältesten Universitäten Italiens, die Wallfahrtskirche des hl. Antonius, ein Reigen gotischer Wandbilder und ein farbiger Markt im Zentrum.

Triest – Im Schatten vergangener Größe   S. 48

Die Attraktion der Hafenstadt am blauen Meer ist ihre Vergangenheit als Handelsemporium der Donaumonarchie, die sich auch in der Küche spiegelt.

Routen

Route 1   ### Etschtal: Wein und Burgen   S. 56

Vom Trentino über das Valpolicella bis Soave reihen sich die Rebgärten. Die Burgen und Festungen kontrollierten jahrhundertelang den Weg durch das Etschtal.

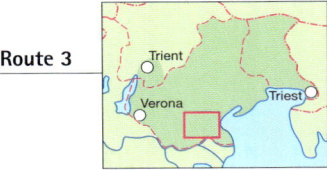

Editorial

Millionen brausen jährlich auf der Direttissima über die Alpen hinweg zu den Sandstränden der Adria, ohne zu wissen, welche Schönheiten sie links (und rechts) liegen lassen. Zwischen den Dolomiten und der Adria mit dem Weltwunder Venedig ist nur Verona mit seinen Opernspektakeln in der römischen Arena ein echtes Touristenziel. Dabei gibt es hinter der oft monotonen Industrielandschaft am Straßenrand ein erstaunlich abwechslungsreiches Mosaik zu entdecken: großartige Städte mit Bauten von der Romanik bis zur Renaissance, anmutige Städtchen mit mittelalterlichen Wehrmauern im Schatten gewaltiger Burgen, berühmte Weinbaugebiete, stolze Villen vor sanften Hügelwellen, Thermalbäder unter bewaldeten Vulkankegeln, melancholisch stille Lagunen und dunstig-grüne Flußauen, die weißen Karstfelsen Triests über dem azurblauen Meeresspiegel, römische Ruinen und viele andere Spuren aus 2500 Jahren turbulenter Geschichte.

Die historischen Zentren präsentieren sich heute in neuem Glanz, mit farbfrischen Fassaden, Fußgängerzonen, eleganten Schaufenstern, Cafés und Restaurants mit Stil, wo man flanieren, betrachten und genießen kann.

Am meisten geprägt wurde die Region durch die jahrhundertelange Herrschaft Venedigs. Daran gemahnt nicht nur die Säule mit dem Markuslöwen, die noch heute die Piazza der Städte in Venetien und im Friaul ziert. Doch ob Verona, Vicenza, Padua, Treviso, Udine oder Görz und Triest mit seiner k. u. k. Vergangenheit, große wie kleine Städte haben ihren unverwechselbaren Charakter und ihre eigenen Traditionen, über die der Bürgerstolz eifrig wacht.

Die Piazza von Vicenza

Weinland am Alpenrand: Winzerhof im Cembra-Tal

Berühmt ist der barocke Park der Villa Barbarigo in Valsanzibio

Die Autorin

Heidrun Reinhard studierte in München Kunstgeschichte und Germanistik. Viele Jahre Verlagslektorin und Lehrbeauftragte für Architekturgeschichte, interessiert sie sich vor allem für die regionale Vielfalt Südeuropas. Sie lebt als freie Autorin in München, Venedig und bei Lissabon.

Zwischen Alpen und Adria

Zu Goethes Zeiten, als man noch nicht auf schnellen Autopisten wie im Flug über die Alpen zur Adria gelangte, begann das klassische Italienerlebnis auf der Route durch das Etschtal über Trient nach Verona und über Vicenza und Padua nach Venedig. Seither hat sich viel verändert. Geblieben sind die Wunder alter Stadtbaukunst, berühmte Villen auf dem Lande, die lässigere Lebensart und Tafelfreuden ohne Ende.

Lage und Landschaft

Von außerordentlicher Vielfalt ist die oberitalienische Landschaft, von den grandiosen Felszacken der Dolomiten und den rauhen Waldhängen der Karnischen Alpen über Voralpen und sanftes Hügelland hinunter zur flachen Poebene und zur Adriaküste mit Sandstränden, Lagunen und dem riesigen Delta des Po. Nur 100 km Luftlinie trennen die Dreitausender der Dolomiten von der Küstenebene, wo das Land teilweise unter Meereshöhe liegt.

Die großen Flusstäler von Adige (Etsch) und Tagliamento fungieren seit Menschengedenken als die großen Transitwege in die Länder jenseits der Alpen. Der überwiegende Teil Venetiens wird durch das Flachland der Poebene gebildet, die „italienischen Niederlande", die von Flussläufen und Kanälen durchzogen sind. Wie Inseln erheben sich daraus der Höhenzug der Monti Berici und die runden Kegel der Colli Euganei mit ihren Thermalquellen.

Das amphibische Reich des Podeltas und der Lagunen von Venedig, Marano und Grado, im Wechselspiel von Meer und Flüssen geformt, ist durch Urbarmachung *(bonifica)* in den letzten Jahrzehnten stark reduziert worden.

Klima und Reisezeit

Am schönsten ist es im Frühling, wenn ein Schleier von Pfirsichblüten über dem saftigen Wiesengrün schwebt und in der klaren Luft das Schneepanorama der Alpen über der Ebene liegt. Allerdings sind Regengüsse in dieser Zeit keine Seltenheit.

Der Hochsommer zeigt sich oft diesig, und jeder stöhnt über die „afa", die bleierne Schwüle, wenn der *Scirocco* feuchte Wärme bringt. Dann fliehen auch die Italiener ans Meer oder ins Gebirge.

Im Herbst kann man noch lange Sonnenwärme und den milden Glanz des Lichts genießen. Der Winter dagegen ist oft ungemütlich, mit viel Nebelgrau und Regen, manchmal begleitet von der kalten *Tramontana*, dem Schneewind aus den Alpen. Berüchtigt ist auch der Winterwind von Triest, die *Bora*, mit schneidend kalten Böen von bis zu 150 km/h. Doch andererseits locken dann die Berge mit Schnee, Sonne und Wintersport.

Mensch und Natur

Das östliche Oberitalien ist zwar nicht das Land, wo die Zitronen blühen, doch der Rebstock gedeiht dafür um so kräftiger. In den wasserreichen, dunstigen Ebenen wachsen nicht Palmen und Zypressen, sondern Pappeln und Weiden. Besonders fruchtbar sind die Schwemmlandböden, die seit Jahrhunderten dem Wasserreich von Po, Etsch und vielen kleineren Flussläufen durch Trockenlegung, Kanal- und Dammbauten abgetrotzt wurden. Überschwemmungskatastrophen, die so gewaltsam waren, dass Etsch und Po dabei sogar mehrfach ihren Unterlauf verändert haben, zeichneten immer wieder die Region. Besonders gefährdet war von jeher das *Polesine,* das Tiefland zwischen Etsch und Po.

Bis in die Alpenregionen hinein ist Oberitalien ein vom Menschen geformtes Kulturland. Spontane Vegetation gibt es dort nur in geschützten Biotopen, z. B. an der Mündung des Tagliamento und im Podelta. Flora und Fauna der Lagunen bilden eine eigene Welt. Im Mikroklima der *Monti Berici* und *Colli Euganei* grünt und blüht auch Mediterranes; beide Höhenzüge fungieren als botanische Brücke zwischen Küstenland und Gebirge.

Auch im oberitalienischen Flachland ist ursprüngliche Natur auf Restflächen geschrumpft, seit sich am Alpenrand ein durchgehender Industriegürtel gebildet hat. Aus der bäuerlichen Landwirtschaft mit kleinen Feldern wurde eine Agrarindustrie mit weiträumig angebauten Monokulturen (hauptsächlich Mais und Wein), die nur noch 7 % der Erwerbstätigen beschäftigt (1961: 30 %). Wuchernde Siedlungen, Gewerbe- und Industriegebiete umklammern die Reste jenes bukolischen Landstrichs, von dem Reisende früherer Zeiten schwärmten: Villen, Bauernhöfe, Bäume und Bäche im dunstig-schillernden Licht vor weiten Horizonten.

Auch die Naturlandschaft der Alpen ist in den vergangenen Jahrzehnten durch Menschenwerk in Mitleidenschaft gezogen worden, nicht nur durch den Bau von Skipisten und anderen Wintersporteinrichtungen. (Die Skiregion Civetta „Dolomiti Superski" hat sich mit ihren 464 Liften zum größten Skizirkus Europas entwickelt!)

Eine Bedrohung für Mensch und Natur sind z. B. die zahlreichen Wasserkraftwerke an den Gebirgsflüssen geworden, die man ohne Rücksicht auf Umweltverträglichkeit errichtete. Ein Alarmsignal war der Bergrutsch, der

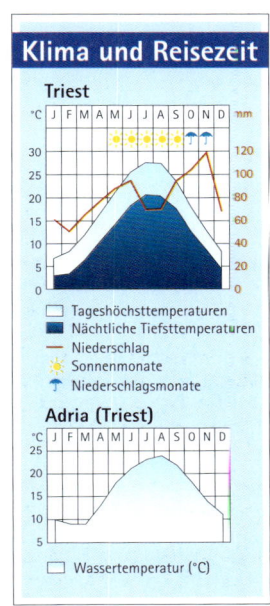

1963 den Stausee von Vajont über-
schwappen ließ. Seine niederstürzen-
den Wassermassen zerstörten das tiefer
gelegene Longarone und kosteten fast
2000 Menschen das Leben. Im Friaul
sorgte 1976 die Natur selbst durch zwei
heftige Erdbeben für die größte Katas-
trophe seit Jahrhunderten, bei der fast
1000 Menschen ums Leben kamen und
jahrhundertealte Städte, Burgen und
Dörfer zerstört wurden.

Während man sich im Trentino seit etwa 30 Jahren aktiv um den Umwelt-
schutz bemüht, hat man in den Alpenregionen Venetiens und Friauls erst in
den 1980er-Jahren mit der Ausweisung
von Naturschutzgebieten und Umwelt-
kontrollen begonnen.

Die Sprache Goldonis

Die Menschen Venetiens, ihr Selbst-
bewusstsein und ihr Gemeinschafts-
gefühl sind durch eine uralte Stadt-
kultur geprägt, und ihr weicher
Dialekt, der im ganzen Veneto gesprochen wird, wurde durch Goldoni
zur Literatursprache geadelt.

Bevölkerung und Sprache

Schon der venezianische Komödien-
dichter Carlo Goldoni bescheinigte seinen Landsleuten: „Il caràttere della na-
zione è l'allegria." Lebensfreude und
Liebenswürdigkeit besitzen sie sicherlich noch immer, außerdem Fleiß und
Fantasie. Kleine Genüsse wie die „ombra" und eine „chiacchiera", ein Gläs-
chen Wein und ein Schwatz an der Bar,
gehören zu den notwendigen Unterbre-
chungen des Alltags.

An der Livenza verläuft die Sprach-
grenze zwischen dem Venezianischen
und Friulanischen. Das *Furlan* ist ein
rätoromanischer Dialekt, der sich aus

dem Vulgärlatein der keltischen Karner
entwickelte, die zur Römerzeit das
Friaul bewohnten. Auch die Menschen
sind dort anders, verschlossen und be-
harrlich, stärker in der ländlichen
Kultur verhaftet. 1966 wurde das *Mo-
vimento Friuli* gegründet, das sich für
den Erhalt der friulanischen Kultur ein-
setzt, die hier, wie so häufig, besonders
an die Sprache gebunden ist.

Daneben gibt es noch alte deutsche
Sprachinseln in den Bergen, auf dem
Altopiano von Asiago und in Sauris in
den Karnischen Alpen, kleine ladini-
sche Sprachgruppen in einigen Dolo-
mitentälern sowie slowenische Minderheiten in Triest und Gorizia (Görz).

In den letzten Jahrzehnten hat insbesondere im Veneto die Landflucht zu
einem Prozess der Verstädterung geführt, der die Unterschiede zwischen
Stadt und Land immer mehr verwischt.
Die Geburtenrate gehört zu den nied-
rigsten der Welt.

Karst – Landschaft mit doppeltem Boden

Die weißen Kalkfelsen des Triestiner
Karst, entwaldet von Römern und Venezianern, sind nicht nur eigenartig als
nackte Erosionslandschaft.

Ein geologisches Phänomen sind die
merkwürdigen Aushöhlungen des zer-
klüfteten Gesteins: trichterförmige *Do-
linen;* weit verzweigte unterirdische
Höhlensysteme mit Tropfsteingebilden,
wie die riesige Grotta Gigante bei Triest

(s. S. 54); Seen, die sich unversehens
entleeren und wieder auffüllen; Fluss-
läufe, die im Boden verschwinden wie
der Timavo, der erst nach 40 km wieder
an die Oberfläche tritt (s. S. 54).

Verursacher ist das in Niederschlägen
enthaltene Kohlendioxid, das in einem
natürlichen chemischen Prozess den
Kalk löst und Wasser durch Spalten in
tiefere Schichten eindringen lässt.

Wirtschaft, Industrie und Umwelt

In den letzten 30 Jahren hat sich der Nordosten Italiens von einem rückständigen Agrarland mit hoher Emigrationsrate in eine der blühendsten Industrieregionen des Landes verwandelt. Das Friaul ist erst im Zuge des Wiederaufbaus nach dem Erdbeben von 1976 von einer Agrar- zu einer Industrieregion mutiert. Das hatte den Vorteil, dass die Entwicklung planmäßiger als im Veneto verlief und alte Siedlungsstrukturen besser berücksichtigte.

Breit gefächert, auch in der geografischen Verteilung, ist die Palette der Wirtschaftszweige. Den größten Anteil haben Klein- und Mittelbetriebe, von den Messerherstellern in Maniago bis zu den Stuhlfabriken zwischen Udine und Gorizia (Görz), wo 800 Betriebe vier Fünftel aller in Italien hergestellten Stühle produzieren, und zu den Kunstschreinern von Bovolone, die Stilmöbel in alle Welt exportieren. International bekannt sind Firmen wie Zanussi (Haushaltsgeräte) in Pordenone oder der Textilriese Benetton in Treviso (s. S. 71).

Wichtig ist auch die Agrarindustrie, v. a. der Weinbau. Venetien ist Marktführer beim Weißwein-Export. Mit an erster Stelle steht der Tourismus an der Adria und in den Alpen.

Die prosperierende Wirtschaft kann nicht verdecken, dass die Industrialisierung teils uralte Strukturen zerstört und die Natur aus dem Gleichgewicht gebracht hat. Das Beispiel der Lagune von Venedig ist nur das bekannteste. Die Umweltprobleme in der dicht besiedelten Region sind erheblich.

Politik und Verwaltung

Schon in der Römerzeit bildete der gesamte Nordosten Italiens von Trient bis Triest als „X. Regio Venetia et Histria" eine politische Einheit. Der größte Teil des Gebiets war auch unter der Herr-

Wasserreichtum: Fischer im Podelta und Brunnen am Fluss

Steckbrief

Venetien
Provinzen: Verona, Vicenza, Treviso, Belluno, Padua, Venedig, Rovigo
Hauptstadt: Venedig
Fläche: 18 380 km²
Bevölkerung: 4,3 Mio.

Friaul-Julisch Venetien
Provinzen: Gorizia, Udine, Triest (Trieste), Pordenone
Hauptstadt: Triest
Fläche: 7845 km²
Bevölkerung: 1,25 Mio.

Trentino
Provinz: Trient (Trento)
Hauptstadt: Trient (Trento)

schaft der Seerepublik Venetiens vom 15. bis zum Ende des 18. Jhs. geeint.

Heute ist das *Trentino*, jahrhundertelang eigenständiges Fürstbistum, in loser Einheit mit Südtirol zu einer autonomen Region zusammengefasst. Die Region *Veneto*, die das Kerngebiet des vormaligen venezianischen Festlandstaats umfasst, reicht vom Gardasee bis zur Tagliamento-Mündung, vom Podelta bis nach Cortina d'Ampezzo.

Ein Stück Zeitgeschichte verbirgt sich hinter dem Namen der erst 1963 gegründeten Doppelregion *Friuli-Venezia Giulia* im Osten. Die Tatsache, dass Italien nach dem Ersten Weltkrieg die den Österreichern abgenommene Halbinsel Istrien nach dem römisch-antiken Provinznamen Julisch Venetien taufte, brachte einen historisch begründeten nationalen Anspruch auf das Grenzgebiet zum Ausdruck. Seit die Region nach dem Zweiten Weltkrieg bis auf Triest und sein unmittelbares Umland an Jugoslawien verloren ging, ist der Name nur noch patriotische Nostalgie.

Trotz florierender Wirtschaft und relativ geringer Arbeitslosenrate spiegeln auch die Regionalwahlen in Venetien und im Friaul Verdrossenheit, vor allem über den staatlichen Zentralismus und die Ineffizienz seiner Bürokratie. Nach dem Zusammenbruch der alten Parteienlandschaft Anfang der 1990er-Jahre trieb es deshalb viele der traditionell konservativen Wähler in die Arme der Forza Italia Berlusconis und in die Fänge der separatistischen Liga Nord. Kleiner ist das Sammelbecken der Unzufriedenen auf der linken Seite des politischen Spektrums in der sozialistischen PDS. Ein typisch italienisches Phänomen ist der *Campanilismo* (extremer regionaler Partikularismus). Er ist zwar treibende Kraft bei der Bewahrung lokaler Traditionen und bodenständigen Selbstbewusstseins, steht aber einer notwendigen gemeinsamen Marschrichtung des „Triveneto" („Drei Venezien") bei den anstehenden infrastrukturellen Neuordnung im Wege.

Geschichte im Überblick

1. Jt. v. Chr. Paläovenetische Kultur der Euganeer und Veneter (Zentren: Este, Padua).

6.–1. Jh. v. Chr. Blütezeit der Hafenstadt Adria.

181 v. Chr. Gründung Aquileias als römischer Vorposten gegen die Karner.

15 v. Chr. Gründung der X. Regio Venetia et Histria zwischen Trient und Triest, dem Po im Süden und Forum Julium Carnicum (Zuglio) am Plöckenpass. Die wichtigsten Städte sind Aquileia, Padua, Verona.

Ende 4. Jh. n. Chr. Der Einfluss des Bistums Aquileia reicht bis nach Bayern, Österreich und Ungarn.

Ab 452 Attila mit seinen Hunnen zerstört Aquileia. Die obere Adria wird nach dem Ende des Weströmischen Reiches Teil des oströmischen (byzantinischen) Exarchats (Verwaltungsgebiet des Statthalters) von Ravenna.

568 Einfall der Langobarden und Gründung eines langobardischen Herzogtums mit Hauptstadt Cividale, dem römischen Forum Julii.

Entvölkerung der Römerstädte, Flucht der Bevölkerung aus den küstennahen Städten in die Lagunen der Adria. Entstehung von Venedig. Der Küstenbereich bleibt byzantinisch.

774 Karl der Große besiegt die Langobarden. Aufstieg Venedigs.

8.–10. Jh. Die einstigen Römerstädte werden zu Stützpunkten von Feudalherren und Bischöfen.

11. Jh. Italien wird Teil des Heiligen Römischen Reiches Deutscher Nation. Kaisertreue deutsche Kirchenfürsten regieren in Trient, Verona und im Friaul (Patriarchat von Aquileia).

12. Jh. Bevölkerungs- und Wirtschaftswachstum; die Städte des

Veneto erkämpfen gegen Friedrich Barbarossa die Stadtfreiheit.

13./14. Jh. Aus den freien Kommunen werden Signorien: Adelige Herrschergeschlechter regieren die Städte, die da Romano, della Scala (Verona), Carrara (Padua) u. a.

1383 Triest unterstellt sich der österreichischen Schutzherrschaft.

15. Jh. Venedig ergreift Besitz vom Hinterland. Das Land vom Podelta bis in die Alpentäler, von der Grenze zur Lombardei im Westen bis zur österreichischen Grafschaft Görz im Osten wird für 350 Jahre zum *Stato da Terra* der Markusrepublik.

1500 Görz und Ostfriaul mit Aquileia fallen an die Habsburger.

16. Jh. Blütezeit der Städte. Repräsentative neue Stadtarchitektur, Patriziervillen auf dem Lande.

17./18. Jh. Niedergang der venezianischen Wirtschaftsmacht. Aufstieg Triests.

1797 Napoleon und Österreich diktieren den Frieden von Campoformio. Ende der Republik Venedig und des Fürstbistums Trient.

1805 Das Veneto wird mit der Lombardei, dem Trentino und Friaul österreichisch (Lombardo-Venetien).

1866 Westfriaul und Venetien kommen zum neuen Königreich Italien.

1918 Nach dreijährigen grausamen Kämpfen zwischen Italien und Österreich werden auch das Trentino und Triest samt Istrien italienisch.

1945/47 Nach dem Zweiten Weltkrieg fällt Istrien an Jugoslawien.

1976 Erdbeben zerstören Friaul.

Seither Strukturwandel: Industrialisierung, Landflucht, Wirtschaftsblüte.

Ruinen der Antike: Säulen am Forum in Aquileia

Maria Theresia förderte den Aufstieg der Hafenstadt Triest

Gefallen am Isonzo: Soldatenfriedhof in Redipuglia

Kultur gestern und heute

Zwischen Alpen, Adria und Po kreuzten sich seit ältesten Zeiten Einflüsse aus verschiedenen Himmelsrichtungen. Die Adriahäfen waren das Tor zum griechischen Osten, nach Byzanz und zum Orient. Der Po verband Küstenland und Ebenen mit der Lombardei und Frankreich und die Alpentäler mit dem deutschen Norden. Wenngleich das sicherlich großartigste Produkt dieser Verschmelzung der Lagunenstaat Venedig darstellte, künden auch auf dem Festland Zeugnisse von der Verbindung von Orient und Okzident.

Multikulturell

Auf eklatante Weise „multikulturell" erscheint die mittelalterliche Antonius-Basilika in Padua (s. S. 45). Dort krönen veneto-byzantinische Kuppeln und orientalisierende minarettartige Türme einen gotischen Kirchenraum, dessen in Italien höchst ungewöhnlicher Umgangschor französischen Kathedralen nachgebildet ist.

Im Trentino und in Karnien finden sich gotische Schnitzaltäre wie in Tirol und Kärnten.

Und in Triest und Gorizia (Görz) im äußersten Osten, wo jahrhundertelang die Habsburger regierten, ist der k. u. k. Anstrich unübersehbar.

Antike

Zur Zeit des Kaisers Augustus wurden die Städte Venetiens mit Fernstraßen verknüpft und erhielten eine bauliche Gestaltung nach römischem Vorbild: ein rechtwinkliges Straßennetz um das zentrale Achsenkreuz von *Cardo* und *Decumanus* mit dem öffentlichen *Forum* in der Mitte; Monumentalbauten wie Tempel, Theater und Thermen und eine Stadtmauer mit Toren und Türmen. Die größten und reichsten **Römerstädte** waren Padua, Verona und Aquileia, das später in den Barbarenstürmen völlig unterging. Verona (s. S. 28), Geburtsort des Dichters Catull, besitzt die meisten Denkmäler der römischen Antike, nicht nur die weltberühmte Arena. In vielen Städten ist noch das Straßenkreuz der Römerstadt zu erkennen, und die Piazza liegt manchmal direkt über dem römischen Forum, wie in Verona oder Vicenza.

Zwischen Antike und Mittelalter

Aquileia war schon im 4. Jh. bedeutender Bischofssitz. Aus dieser Zeit stammt der wunderbare spätantike Mosaikboden des Doms (s. S. 80), der heute einsam aus dem Ruinenfeld der Römerstadt ragt. Als die Bewohner der Römerstädte im Bogen der oberen Adria im 6. Jh. vor den Invasionen von Hunnen, Goten und Langobarden in das Labyrinth der Lagunen fliehen mussten, begann die Sonderentwicklung Seevenetiens, das politisch und kulturell mit Byzanz verbunden blieb.

In Grado, dem Fluchtort der Einwohner von Aquileia (s. S. 81), stehen noch Kirchen des 5. und 6. Jhs. vom Typus der Basiliken in Ravenna. In diese Zeit fielen auch die Anfänge der Lagunensiedlung Venedig, die später zur Königin der Adria und zur Herrscherin über Veneto und Friaul aufsteigen sollte.

Nur wenige Spuren hingegen hinterließen die kriegerischen Langobarden, die 568 über die Alpen stürmten und in einer Blitzaktion das Land unterwarfen, obwohl sie für immerhin zwei Jahrhunderte Oberitalien beherrschten: Die in Cividale im Friaul bewahrten steinernen Relikte zeigen in ihrer vereinfachenden Darstellungsweise nur mehr ferne Anklänge an antike Vorlagen. Unter dem Eindruck byzantinisch-orientalischer Stilisierung wird auch die Figurendarstellung auf ein Flächenornament reduziert (z. B. Ratchis-Altar, s. S. 85).

Romanik

Die fleißigen Benediktinermönche waren die Einzigen, die in Jahrhunderten der Zerstörung und des Verfalls das Erbe der römischen Zivilisation bewahrten. Sie wussten, wie man aus Sümpfen wieder fruchtbare Äcker macht, wie man mauert und wölbt und was man aus alten lateinischen Schriften lernen konnte. Sie waren Selbstversorger und ihre Klosterstädte autarke Zentren. Ein

Von ehrwürdigem Alter ist der Dom von Grado aus dem 6. Jh.

Feste und Veranstaltungen

Feste – *Fiere, Mostre* und *Sagre* – gehören zum Kern des italienischen Gemeindelebens. Sie ranken sich um kirchliche Festtage, Wein-, Kirschen- oder Spargelernten, historische Ereignisse oder regionale Märkte. Das größte religiöse Stadtfest ist die *Festa di Sant'Antonio* in Padua am 13. Juni.

Karneval kennt man nicht nur in Venedig. Verona hat seinen *Carnevale di San Zeno* mit der Hauptfigur des *Papà del Gnoco.* Karneval gibt es vom Hafenstädtchen Muggia bei Triest bis ins alpenländische Sappada.

Unter den **historischen Festen** im August oder September ist der *Palio in costume,* ein Pferderennen in historischen Kostümen, in Montagnana und Feltre das Lokalereignis des Jahres. Verona hat seinen *Drappo Verde,* dessen Ursprung bis auf die Scaligerzeit zurückgeführt wird. Zu den bekanntesten historischen Spektakeln gehört die *Schachpartie* mit lebenden Figuren in Marostica (s. S. 60). Die vielleicht älteste Kirmes ist die *Sagra di osei* in Sacile, ein seit 1351 existierender Vogelmarkt,

auf dem die Papagenos der Region ihre in den Wäldern gefangene Beute zum Kauf feilbieten durften.

Sehr beliebt sind die sonntäglichen **Trödel– und Antiquitätenmärkte** *(Mercatini dell'Antiquariato).* Die höchste Qualität bieten diejenigen von Asolo (am 2. Sonntag des Monats) und Vittorio Veneto (am 1.). Eine Antiquitätenmesse findet im April und Dezember in der Villa Manin in Passariano statt.

Den Überbau der lokalen Fiere und Sagre bilden die großen, auch international bedeutenden **Fachmessen** wie die Weinmesse *Vinitaly* in Verona und die Juweliermessen *Orogemma* und *Vicenza Oro* in Vicenza.

Im Sommer haben die **Festivals** überall Saison. Das bedeutendste Ereignis sind natürlich die Opernfestspiele in der Arena von Verona (s. S. 29). In Triest gibt es ein Operettenfestival, und im Trentino öffnen mehrere Burgen ihre Pforten für die sommerliche Konzertsaison.

Ort, wo man noch etwas vom Geist jener Mönche zu spüren glaubt, ist die abgelegene Abtei von Sesto al Reghena (s. S. 79). Um die Jahrtausendwende wurde die Wiederbesiedlung der alten Römerstädte von den Bischöfen gefördert. Es entwickelte sich ein selbstbewusstes Bürgertum, das sich im Laufe des 12. Jhs. die Unabhängigkeit von Kirche und Kaiser erkämpfte.

Mit der Epoche der freien Kommunen begann der Ausbau der Städte, die von den Bürgern zu einem großen Gesamtkunstwerk gestaltet wurden. Sie entwickelte sich um zwei Pole, einen weltlichen in der Umgebung des Palazzo Comunale (Verona, Treviso), Symbol des freien Bürgertums, und einen geistlichen im Umkreis des Doms. Monumentale Akzente setzten auch die Ordenskirchen, manchmal nicht weniger großartig als die Dome (vgl. S. Zeno, Verona, S. 34).

Sacra Conversazione

Immer wieder steht man in Kirchen des Veneto vor einem Bildtypus, der für die venezianische Malerei der Renaissance besonders charakteristisch ist: In der Mitte die Madonna mit dem Kind, auf einen hohen Thron entrückt, musizierende Putten zu ihren Füßen, stehende Heilige symmetrisch zu ihren Seiten angeordnet, in stillem Verweilen.

Sacra Conversazione, „Heiliges Gespräch", nennt man das Bildmotiv, obwohl sich hier niemand dem anderen zuwendet, sondern jeder, ganz in sich gekehrt, nur einer himmlischen Musik zu lauschen scheint. Andrea Mantegnas berühmtes Hochaltar-Triptychon für San Zeno in Verona (s. S. 34) ist ein Vorläufer dieser Gattung, eines der vollendeten Beispiele sicherlich Giorgiones Madonnentafel im Dom von Castelfranco (s. S. 62), in der stille Andacht sich in Poesie verwandelt.

Gotik

Die Ablösung der Bürgerherrschaft durch die der adligen Signorien fiel in die Zeit des Stilwechsels von der Romanik zur Gotik (13./14. Jh.). Es entstanden die großen Kirchen der Bettelorden wie San Lorenzo in Vicenza (s. S. 38), Sant'Anastasia in Verona und San Nicolò in Treviso (s. S. 72), der bedeutendste Bau der Backsteingotik im Veneto.

Treviso wurde im 13. Jh. ein Zentrum festesfreudiger, ritterlicher Lebensart, wo die Troubadourlyrik eine Blüte erlebte. Die Vergnügungen des Ritterlebens schildert ein einzigartiger Zyklus von Monatsbildern im Castello del Buonconsiglio in Trient (s. S. 26).

Gotische Bauten waren auch die Zwingburgen der ritterlichen Tyrannen, die im 14. Jh. die meisten der Städte beherrschten. Die rötlichen Mauern der Scaliger mit den Ghibellinenzinnen sind bis heute das Wahrzeichen zahlreicher Orte vom Gardasee bis Soave.

Das „Trecento", das 14. Jahrhundert, war zugleich eine große Epoche der Wandmalerei. In vielen Städten, besonders in Padua, sind die Kirchenwände ein Museum gotischer Bildergeschichten. Gleich zu Anfang des Trecento stand ein epochales Meisterwerk der europäischen Kunst, *Giottos* Freskenzyklus in der Arenakapelle (s. S. 46), dessen Bildsprache über die traditionelle byzantinische Formentradition der zeitgenössischen italienischen Malerei weit hinausweist.

Erst die Maler der Renaissance folgten später seiner Vision, während sich die jüngeren Maler des Trecento noch stärker an byzantinischen Vorlagen orientierten (*Giusto de' Menabuoi*, Baptisterium, s. S. 44) oder dem sanften Linienschwung und der weichen Farbigkeit der internationalen höfischen Gotik folgten (*Altichiero Altichieri*, Antoniusbasilika, s. S. 45).

Renaissance

Als der große Bildhauer *Donatello* aus Florenz ab 1444 einen neuen Hochaltar für den Santo in Padua schuf, hinterließ seine von der Antike inspirierte Darstellungsweise einen gewaltigen Eindruck – besonders bei einem jungen Malschüler, der nach seinem Vorbild scharf gezeichnete Figuren entwarf; er stellte die Bilder in perspektivisch geordnete Bühnenräume mit römischen Säulen und Toren. Der Künstler hieß *Andrea Mantegna* und war der erste Renaissancemaler Venetiens.

Die Villa Pisani in Strà

Villen im Veneto

Historische Landhäuser gibt es auch anderswo, doch die Villenkultur des Veneto war etwas Einmaliges. Fast 4000 Villen, entstanden zwischen dem 15. Jh. und 19. Jh., zählt man noch heute zwischen Gardasee und Friaul, zwischen Poebene und dem Cadore. Die berühmtesten baute Andrea Palladio (s. S. 37), der ihre Typologie für Generationen festlegte: ein Kubus, maßvoll in Größe und Dekor, als Herrenhaus mit den klassischen Würdeformeln Säule und Giebel ausgezeichnet, freskengeschmückte Festräume mit Wirtschaftsgebäude als niedrige Seitenflügel mit Bogengängen *(barchesse)*.

Die meisten dieser Landhäuser gehörten dem venezianischen Adel und waren das Zentrum der großen landwirtschaftlichen Güter, mit deren Erwerb (oder Konfiszierung) Venedig seit dem 15. Jh. das Hinterland „kolonisierte". Man baute sie möglichst nah bei Venedig an Wasserwegen, sodass man sie von der Lagune aus direkt per Boot erreichen konnte. Der *Brentakanal* zwischen Venedig und Padua, an dem sich die Villen wie Perlen an einer Schnur reihten, wurde geradezu eine Fortsetzung des Canal Grande. Im Frühsommer und Herbst zog man von Venedig in die *Villeggiatura*.

War die Villa in ihren Anfangszeiten nach dem Vorbild der Antike ein Ort des besinnlichen Rückzugs in die Natur gewesen, wo man über das einfache Leben philosophierte, so entwickelte sie sich im Laufe der Zeit zu einem Statussymbol und das Landleben zu einem gesellschaftlichen Ereignis, bei dem jeder mithalten wollte, auch wenn er sich dabei ruinierte. Zeuge dafür ist Goldoni, der sich in vier seiner Komödien über die Manie der Villeggiatura mokiert, über die französischen Köche, die Putzsucht der Damen, die leichten Sitten und die langen Nächte bei Musik, Tanz, Theater und Kartenspiel. Komödien von Gozzi und Goldoni wurden aufgeführt, Komponisten wie Vivaldi schrieben die passende Musik.

Mit dem Einmarsch Napoleons und dem Ende Venedigs war es auch mit der Villeggiatura vorbei. Viele Villen kamen unter den Hammer, wurden verlassen und verwahrlosten ebenso wie die dazugehörigen Ländereien. Erst vor wenigen Jahrzehnten begann man, dem drohenden Verlust dieser einmaligen Kulturgüter entgegenzuwirken. Hunderte von Villen wurden von Staat, Gemeinden oder Privatleuten restauriert, doch ihre Konservierung bleibt auch in Zukunft eine prekäre Aufgabe.

Die Ausbreitung der Renaissance im Veneto fiel zusammen mit der politischen Unterwerfung der ganzen Region unter die Herrschaft Venedigs. Der politischen folgte die kulturelle Assimilierung, und Kunst und Architektur im Veneto und im Friaul wurden „venezianisch". Im 16. Jh. zog Venedig fast alle künstlerischen Kräfte des venezianischen Festlands an, darunter *Giorgione* (1478–1510), *Tizian* (1488–1576) und Paolo Caliari (1528–1588), nach seiner Geburtsstadt *Veronese* genannt.

Von Padua bis Rovigo, von Udine bis Belluno erhielt die Piazza einen venezianischen Anstrich, mit malerischen Loggien und rhythmisierten Fensterarkaden, einem Uhrturm und der obligatorischen Säule mit dem Markuslöwen.

Zwei Baumeister der Spätrenaissance zeichneten sich durch eine eigene Architektursprache aus: der Veroneser Stadtbaumeister *Michele Sanmicheli* (1484–1559) und *Andrea Palladio* (1508–1580) aus Vicenza, einer der einflussreichsten Baumeister in der europäischen Architekturgeschichte (s. S. 37). Die Entwürfe für seine Villenbauten (s. S. 17) wurden bis ins 19. Jh. weltweit tausendfach variiert.

Barock

Barocker Überschwang war der Architektur des Veneto und Friaul fremd. Kirchen und Villen blieben dem strengen, klassischen Palladio-Vorbild verhaftet. Im 17. Jh. kannte die venezianische Malerei kaum große Namen, dafür entfaltete sie sich im 18. Jh. noch einmal umso reicher. Der unbestrittene Meister der spätbarocken Malerei war *Giovanni Battista Tiepolo* (1696–1770), dessen festliche, virtuose Himmelsbilder Schlösser von Würzburg bis Madrid schmücken. Wunderbare Raumdekorationen Tiepolos bewahrt auch Venetien, die kostbaren Frühwerke in Udine (s. S. 82) und Fresken in der Villa Valmarana in Vicenza, der Villa Cordellina in Montechio Maggiore und dem Dogenschloss der Pisani in Strà.

Literatur in Triest

Nachdem Napoleon der tausendjährigen Seerepublik Venedig den Todesstoß versetzt hatte, begannen für das Veneto und Friaul Dekadenz und Verfall.

Einen Vorteil aus der Situation zog der (österreichische) Hafen von Triest, der im 19. Jh. zum großen Handelsplatz der Donaumonarchie aufstieg und mit Architektur im Weltstadtformat ausgestattet wurde. Das multiethnische Triest, italienisch, österreichisch, slowenisch mit jüdischen, griechischen, serbischen, armenischen Minderheiten, eine nüchterne und erfolgsorientierte Stadt, in der der Kaufmannsgeist und der scharfe Wind der Bora regieren, wurde gegen Ende des Jahrhunderts auch eine Stadt der Literatur.

Der Lackfabrikant Ettore Schmitz, der sich als Dichter *Italo Svevo* (1861–1928) nannte, war echter Triestiner, jüdischer Kaufmann deutsch-italienischer Abstammung, zerrissen in seinem Identitätsgefühl. Mit seinen Erzählungen und Romanen, besonders dem Spätwerk „Zeno Cosini" (1923), gehört er zur literarischen Avantgarde des 20. Jhs. Er war ein Habsburger Schriftsteller wie Robert Musil, dem die Werte abhanden gekommen waren, ein Skeptiker, der auf die Fragmentierung der Wirklichkeit und die Dämmerung des Subjekts mit ironischer Unentschlossenheit antwortete.

Tipp Zur literarischen Einstimmung sehr zu empfehlen ist die Anthologie **Triest – Europa erlesen,** Wieser Verlag.

Weitere bedeutende Dichter des 20. Jhs. aus Triest sind der Lyriker *Umberto Saba* (1883–1957) und *Scipio Slataper* (1888–1915), der als glühender italienischer Patriot slawisch-italienisch-deutscher Abstammung die „gequälte Seele" der Stadt zwischen den Kulturen verkörperte. Zu den wichtigsten zeitgenössischen Vertretern gehören *Fulvio Tomizza* (geb. 1935) und *Claudio Magris* (geb. 1939).

Aus Küche und Keller

Hummerravioli in Pernod-sauce, Melonenrisotto mit Zucchiniblüten, getrüffelte Gnocchetti, Pappardelle mit Kaninchensugo? Wie wär's zum Nachtisch mit Feigen-Crespelle und Minzeis oder Waldbeeren mit Kümmel und Akazienhonig? Venetien ist ein Schlemmerparadies für Feinschmecker.

Der Dichter Petrarca lebte in den Hügeln bei Padua

Die Küche des Veneto

Der Ruhm der Küche des Veneto basiert auf absoluter Frische und Qualität der Produkte, Leichtigkeit und kreativer Phantasie. In guten Lokalen wird täglich alles frisch zubereitet, von den Teigwaren – „pasta fatta in casa" – bis hin zu den „dolci", den Nachspeisen. In Küstennähe, wo in den *valli da pesca* der Lagunen und im Podelta Fische gezüchtet werden, überwiegen Meeresfisch und Krustentiere, landeinwärts Fleisch, zur Herbstsaison Wild und Wildgeflügel. Überall beliebt ist feiner luftgetrockneter Schinken *(prosciutto)* aus San Daniele oder Montagnana oder geräucherter *(speck)* aus Sauris.

Die Villa Rotonda über Vicenza ist ein Hauptwerk Palladios

Bei den *primi piatti* spielen Nudelgerichte nicht die erste Geige. Eine Spezialität sind *bigoli,* dunkle Vollkornspaghetti, die man gern „con salsa", mit Zwiebeln und Sardinen, serviert. Daneben gibt es abwechslungsreich angerichtete *gnocchi* und sämige *risotti,* vom klassischen *risi e bisi* (mit jungen Erbsen und Zwiebeln) bis hin zu fantasievollen Kombinationen mit Meeresfrüchten, Pilzen und Gemüsen.

Im Frühling tauchen der weiße Spargel *(asparago)* von Bassano und grüne *bruscandoli,* wilde Hopfensprossen, auf den Speisekarten auf. Zur Pilzzeit do-

Köstliche Gelati produzieren die Eismacher Venetiens

minieren *porcini* (Steinpilze) und *finferli* (Pfifferlinge). Ein besonders feines Wintergemüse ist der dunkelrote *radicchio di Treviso*, ein langblättriges Zichoriengewächs von zarter Bitterkeit, das roh als Salat, gegrillt oder gedünstet gleichermaßen geschätzt wird. *Polenta* aus weißem oder gelbem Maismehl ist die klassische Beilage. Als traditioneller Sattmacher werden *pasta e fagioli*, ein Eintopf aus Nudeln und dicken Bohnen, serviert.

Einheimische Käsesorten sind der *Montasio*, der *Asiago* und der *Provolone*. Unvergesslich auch die *gelati* – die Eismacher aus dem Cadore haben die kühle Köstlichkeit hier eingeführt.

Jede Provinz hat ihre eigenen Küchentraditionen. Im Trient gibt es *canederli* (Speckknödel) und grüne Gnocchi *strangolapreti* (Pfaffenwürger). Vicenza hat seinen *baccalà* (Stockfisch), Belluno seine *casunziei* (Ravioli).

Die Küche des Friaul

Die Küche des Friaul ist deftiger und gehaltvoller. Man liebt Würste, auch zum Wein: *luganje, palmone* oder *muset e brovada*, Wurst vom Schwein mit sauer eingelegtem Rettich, *jota*, eine Suppe aus Bohnen, gesäuertem Kraut und Schweinefleisch, oder *frico*, knusprig fritierten Käse. In Karnien bereitet man *cjaslons*, Teigtaschen mit süßer und salziger Füllung, z. B. mit Kürbis und Nüssen oder Kräutern. In den traditionellen Gasthäusern sitzt man rustikal gemütlich um den *focolâr*, einen gemauerten Herd mit Kaminhaube.

Die Küche Triests

Nach Osten hin wird der Einfluss der Donaumonarchie spürbar. Da gibt es *gnocchi di susine* (Zwetschgenknödel), *struculo* (Strudel), Gulyas mit Polenta oder Ente „alla radetzky". Alt-Österreich prägte die Küche Triests mit Kesselfleisch, Kren und Kümmelstangen, *palacinche* (Palatschinke), Dobostorte und *guguluf*, dem guten Gugelhupf.

Delikate Souvenirs …

… erhält man vielerorts direkt beim Erzeuger: Wein, Grappa, luftgetrockneten Schinken und Nudeln in allen Variationen.

Weine der Region

Vom Etschtal bis zur slowenischen Grenze ist die Südflanke der Alpen Weinland. Zwischen Trient und Triest wird der größte Teil italienischer Qualitätsweine aus kontrolliertem Anbau (DOC) produziert. Neben den überall angebauten Sorten Pinot Grigio und Pinot Bianco, Sauvignon und Chardonnay (weiß) sowie Merlot und Cabernet (rot) gibt es auch die oft ausdrucksvolleren einheimischen Rebsorten, wie *Marzemino* und *Teroldego* im Trentino, *Amarone* im Valpolicella, *Verduzzo* und roten *Refosco* im Friaul.

In Verona, wo der Weinbau einen prosperierenden Wirtschaftszweig darstellt, setzt man in den weltbekannten Anbaugebieten Valpolicella und Soave (s. S. 59) insgesamt mehr auf Masse als auf Klasse. Der gefällige Soave hat inzwischen den toskanischen Chianti als Exporttrenner überflügelt. Eine steile Karriere hat auch der im Champagnerverfahren verarbeitete *Prosecco* aus Valdobbiadene und Conegliano nördlich von Treviso gemacht (s. S. 75).

Aus Grave del Friuli kommen die preiswerten Rotweine (Merlot, Cabernet, Refosco), ebenso aus Lison-Pramaggiore in der Küstenebene. Die feinsten und teuersten Weißweine stammen aus dem östlichen Friaul, dem Collio Goriziano und den Colli Orientali entlang der slowenischen Grenze. Dort ist die klassische Sorte der *Tocai Friulano*. Sonnengelber *Ribolla gialla* und trockener, frischer *Verduzzo verde* stammen von alten Rebsorten, ebenso der rote *Schioppettino*.

Auf den kargen Karstböden von Triest wächst der trockene rote *Terrano*.

Urlaub aktiv

Die Routen führen zu alten Kunststädten, Villen und Burgen. Für sportliche Aktivitäten weicht man besser an die Adriaküste und in die Dolomiten aus. Reichhaltig ist das Angebot im Trentino: Wandern, Bergsteigen, Radfahren, Reiten, Skifahren, Angeln und Segeln.

 APT del Trentino, 38100 Trento, Via Sighele 5, ☎ 0461/914444, 🖷 915978, oder **Punto Trentino,** Maximilianstr. 40, 80539 München, ☎ 089/29164624, 🖷 29164625.

Kuren Einen Mix aus Kuren, Sport und Ausflügen bietet ein Aufenthalt im Thermalbadkomplex von Abano-Montegrotto bei Padua.

Golf Das Veneto besitzt 13 Golfplätze. Zwei der besten liegen in den Euganeer Hügeln: *Golfclub Padua* in Valsanzibio di Galzignano und *Frassanelle di Rovolon,* die beide einen historischen Villenpark mit einbeziehen. Das gleiche gilt für den größten (27 Löcher) Golfplatz des Veneto: *Villa Condulmer* in Zerman bei Mogliano. Im Friaul gibt es Golfplätze u. a. bei Pordenone (Castel d'Aviano), Lignano, Udine. Für einen Urlaub besonders geeignet ist das Hotel **San Floriano** (s. S. 86) im Collio; Weingut mit Golf, Tennis, Pool.

Reiten Reitmöglichkeiten bieten manche Landhotels der oberen Preisklasse und landwirtschaftliche Betriebe (Agriturismo, s. S. 22).

In Bici: Routenkarten für **Mountain-Bike-Touren** durch die Colli Eugane gibt es bei der APT in Padua (s. S. 47); E-Mail: pedala@tin.it.

Radfahren an der Brenta: Infos, Verleih, Routenkarte: **APT Riviera del Brenta,** Mira, Via Don Minzoni 26. Im Friaul: Broschüre, Routen bei **ediciclo,** Portogruaro, ☎, 🖷 0421/74475.

Fein und leicht ist die Küche Venetiens

Unterkunft

Das Land liegt abseits des Massentourismus. Mit touristischer Infrastruktur können nur die Thermalbäder Abano und Montegrotto (s. S. 67) aufwarten.

 Stadthotels In den Städten gibt es Unterkünfte sämtlicher Kategorien. Besonders groß ist das Angebot in Verona, wo allerdings während der Festspiel- und Messezeiten Vorausbuchung unbedingt erforderlich ist. Das gilt auch für Padua und Vicenza. Die Hotellerie der großen und kleinen Städte im Veneto hat sich in den letzten Jahren stark verbessert.

Agriturismo Unter diesem Zeichen werden Wein, Öl, Honig u. a. direkt vom Erzeuger angeboten. Manchmal ist ein Restaurant oder ein Reitstall angeschlossen. Infos bei den APT-Stellen.

Jugendherbergen In Trient, Rovereto, Verona, Feltre, Triest. Die schönste liegt in der Burgmauer von Montagnana.

Campingplätze (☾ nur im Sommer) In Trient, Verona, Vicenza, Belluno (Nevegal) und Triest.

Villen

Villenhotels gehören der oberen Preisklasse an, dafür wird gelegentlich Pool und Tennis geboten.

Luxus in historischem Ambiente genießt man z. B. in der Villa Cipriani in Asolo, der Villa Gustinian in Portubuffolé oder in der Villa Condulmer in Mogliano Veneton. Infos bei **APT Treviso**, ☎ 04 22/41 90 92, s. a. Praktische Hinweise.

Ferienwohnungen in Villen des Veneto vermittelt **Cuendet**, Bahnhofstr. 94a, 82166 Gräfelfing, ☎ 0 89/8 54 55 21, 📠 8 54 55 22.

Reisewege

Mit der Bahn: Eine der Hauptrouten der Bahn von Deutschland nach Italien führt über Verona mit Kurswagen nach Padua und Venedig. Große und kleine Städte zwischen Trient und Triest verbindet ein dichtes Eisenbahnnetz. Autoreisezüge verkehren von Hamburg über Hannover und Köln nach Verona.

Mit dem Bus: Ein Europabus der Deutschen Touring fährt nach Abano und Montegrotto (Info: DER-Reisebüros).

Mit dem Auto: Vom Brenner führt die Autobahn A22 über Trient nach Verona, von dort die A4 nach Venedig und Triest. Die A23 verbindet Österreich (Villach) über Tarvisio mit dem Friaul und Udine und mündet in die Autobahn Venedig–Triest. Teilstrecken führen von der A4 ins Gebirge nach Norden, die A31 über Vicenza zur Hochebene von Asiago und die A27 über Treviso ins Cadore. Pordenone ist über die A28 mit der Küstenautobahn verbunden. Verkehrsreich sind insbesondere die Staatsstraßen im Veneto, wo zwischen den einzelnen Städten die Gewerbegebiete nahtlos ineinander übergehen. Um sich die Parkplatzsuche innerhalb der Städte zu erleichtern, sollte man sich mit 500- Lire-Münzen eindecken. Die Parkautomaten sind stündlich mit 1500 Lire zu füttern. Bei einem mehrstündigen Aufenthalt ist es besser, auf einem (oft teuren) bewachten Parkplatz eine Lücke zu finden. Für die Fahrt auf Nebenstrecken ist eine gute Autokarte unbedingt erforderlich.

Mit dem Flugzeug: Nach Venedig fliegt Lufthansa ab München, Frankfurt/ Main, Düsseldorf täglich, ab Hamburg nur Sa, So. Verona wird von München direkt angeflogen. Air Dolomiti fliegt von München nach Triest.

Der Domplatz von Trient

** Trient

Renaissance im Gebirge

Trient (194 m, 101 538 Einw.), Hauptstadt des Trentino, liegt tief im Etschtal, umgeben von hohen Bergen. Die erste rein italienische Stadt an der Brennerroute empfängt nicht mit alpenländischer Enge, sondern mit breiten, geraden Straßen und festlichen Renaissance-Palästen mit bunten Fresken – so, wie sie vor 450 Jahren als Tagungsort für das größte Konzil der Kirchengeschichte herausgeputzt wurde. Trient gehört heute zu den italienischen Städten mit der höchsten Lebensqualität, nicht nur wegen der gepflegten, autofreien Altstadt, sondern auch wegen der großartigen Naturlandschaft des Trentino, seiner Weinhügel, Seen, Hochebenen und Dolomitenspitzen.

Geschichte

Im Mittelalter machten die deutschen Kaiser Trient zu einem Fürstbistum (seit 1027 beurkundet) und besetzten Trient mit treuen Vasallen, die ihnen den freien Zugang nach Italien garantierten.

Der bedeutendste Bischof des Mittelalters war Federico Vanga (1218 gest.), der einen großartigen neuen Dom bau-

Zwischen Nord und Süd

Die Stadt an der Schnittstelle deutscher und italienischer Kultur spielte immer eine wichtige Mittlerrolle zwischen Nord und Süd. Als Grenzposten *Tridentum* war sie in der Römerzeit die nördlichste Stadt des italischen Mutterlandes vor den Provinzen.

en ließ. Unruhige Zeiten folgten im 14. Jh., Konflikte zwischen Bürgern und Bischöfen, Übergriffe der Grafen von Tirol. Im 15. Jh. rief man Österreich zu Hilfe, um die Machtansprüche Venedigs abzuwehren. Seine Glanzzeit erlebte Trient unter der Schutzherrschaft Österreichs im 16. Jh. 1508 wurde Maximilian I. dort zum Kaiser gekrönt. 1797 versetzte Napoleon dem Fürstbistum den Todesstoß. Nach der österreichischen Herrschaft des 19. Jhs. wurde Trient erst 1918 italienisch.

Machtzentrum ** Domplatz

In der Bischofsstadt, wo weltliche und kirchliche Macht zusammentrafen, steht der Dom im Zentrum. Er beherrscht mit seiner majestätischen Langseite die Piazza. Im rechten Winkel schließt sich der **Palazzo del Pretorio** ❶ an, bis 1235 Bischofsresidenz und später Justizpalast. Mag die Rekonstruktion des Palazzo in romanischen Stilformen (1963) auch fragwürdig erscheinen, das Ergebnis ist jedenfalls recht malerisch. Das darin eingerichtete *Museo Diocesano* (🕑 tgl. außer So 9.30–12.30, 14.30–18 Uhr) zeigt den Domschatz und flämische Wandteppiche des 16. Jhs. Die **Torre Civica** (11. Jh.), ein trutziger Wehrturm, war mit der ältesten Stadtmauer verbunden und steht an der Stelle eines Römertors.

Zur Via Belenzani leiten die prächtigen mit farbenfrohen Allegorien bemalten * **Case Cazuffi** ❷ (1531–1533) über, schöne Beispiele für den Renaissanceumbau gotischer Paläste unter Bischof Cles. Eine heitere Note setzt der sprühende barocke *Neptunsbrunnen* (1768) in der Platzmitte mit seinen Seepferden und Sirenen. Bei einem Cappuccino unter den Arkaden kann man das Platzensemble in Muße und im Detail auf sich wirken lassen.

Der dem römischen Märtyrer Vigilius geweihte romanische * **Dom** ❸ wurde ab 1212 unter Federico Vanga errichtet. Die Schauseite ist die auf den Platz gerichtete *Nordflanke*, durchgliedert mit einem horizontalen Band von Galerien, prächtig profilierten Rundbogenfenstern, einem als Rad der Fortuna ausgebildeten Kreisfenster und der Bischofspforte mit Renaissance-Vorbau. An der *Westfassade* mit einer Fensterrose aus dem 14. Jh. wurde nur einer der beiden Türme ausgeführt, den eine barocke Haube krönt. Reich ist das bildhauerische Dekor der Chorpartie mit Knotensäulen, Löwen und schönen Knospenkapitellen. Die Nordapsis reicht ins *Castelletto* hinein, die ehemalige Wohnburg Bischof Vangas (13. Jh.).

Der lichtarme spätromanische *Innenraum* betont in fast schon gotischer Manier die Vertikale: hohe, steile Arkaden im engen Wechsel mit halbrunden Pfeilervorlagen. Von den *Fresken* im Querhaus sind vor allem die im linken Flügel (14. Jh.) bemerkenswert.

Die barocke *Cappella del Crocefisso* birgt eine *Kreuzigungsgruppe* des Nürnbergers Sixtus Frei (Anfang 16. Jh.), vor der die Dekrete des Konzils verlesen wurden.

Der Dom steht im Mittelpunkt der alten Bischofsstadt

Das Tridentinum

1514–1539 regierte der Fürstbischof Bernhard von Cles in Trient, oberster Kanzler des Reiches und Anwärter auf den Papststuhl. Er agierte als Diplomat im Dienste Habsburgs auf internationaler Bühne und warb bei Kaiser und Papst für ein Kirchenkonzil, das den Religionsstreit schlichten sollte, der seit dem Auftreten Luthers die Kirche zu spalten drohte. Trient, das er zielstrebig einer Verschönerungskur im Renaissancestil unterzog, präsentierte er als Tagungsort.

Das Tridentinum (Tridentinisches Konzil) wurde schließlich unter seinem Nachfolger Cristoforo Madruzzo im Jahr 1545 einberufen und geriet zu einer Mammutveranstaltung der Kirchengeschichte, die sich fast 20 Jahre (1545–1563) über mehrere Tagungs-

perioden hinzog und an deren Ende die endgültige Spaltung der Konfessionen und der Beginn der katholischen Gegenreformation standen.

Alles war bestens organisiert: Ein Komitee sorgte für die Unterbringung der 4000 Besucher aus 15 Ländern in der etwa 8000 Einwohner zählenden Stadt, ein anderes für Preiskontrollen. Eine Spezialtruppe der Polizei war für die Sicherheit verantwortlich, ein internationaler Postkurierdienst von schnellen Reitern wurde eingerichtet, die einen Brief von Rom nach Trient in nur 46 Stunden beförderten. Für das leibliche Wohl sorgten eine Menge neuer Gasthäuser. Eines davon, die *Osteria alle Due Spade*, existiert als nobles Traditionslokal noch heute (Via Don Rizzi, $).

Die geschäftige *Via Mazzini* südlich des Doms ist die Hauptachse des **Borgo Nuovo,** der Stadterweiterung aus dem 12. Jh. Sie endet zwischen dem Rundturm und Resten der mittelalterlichen Stadtmauer. Dahinter liegt die *Piazza della Fiera*, Marktplatz seit dem 14. Jh.

 Die besten Delikatessen kauft man bei **Mattei** in der Via Mazzini 46 und bei **La Gastronomia** in der Via Mantova.

Vom Dom zur Etsch

Die *Via Belenzani,* schönste Straße der Altstadt, unter Bischof Bernhard von Cles verbreitert und baulich neu gestaltet, bildet den Auftakt der repräsentativen Verbindung zwischen Dom und Castello del Buonconsiglio, der Bischofsburg am Rande der Altstadt.

Das *Municipio* (Rathaus) im **Palazzo Thun** (16. Jh.), Ecke Via delle Orne, steht vermutlich über dem römischen Forum. Gut erhalten sind die Fassadenmalereien zweier prächtiger Paläste:

Der *Palazzo Quetta (Nr. 32) hat verschiedene Hälften, weil er Ende des 15. Jhs. aus zwei Gebäuden zusammengefügt wurde. Er zeigt echte und gemalte Fenster in asymmetrischer Anordnung, eine Dekoration aus Wappenscheiben auf der linken (15. Jh.) und festliches Rankenornament mit Putten auf der rechten Seite (16. Jh.). Um 1540 entstanden die Fresken des *Palazzo Geremia ❹, u. a. mit illusionistischen Raumeffekten und Szenen vom Besuch Kaiser Maximilians.

Auch die **Via Manci** ist Teil der clesianischen Stadterneuerung. Die Achse Via Roma/Via Manci ist mit dem *Decumanus*, der Hauptachse der Römerstadt, identisch. Den eleganten *Palazzo Trentini aus dem 18. Jh. kann man Sa von 8–12 Uhr besichtigen. Altersgrau ist der mächtige Block des **Palazzo Fugger-Galasso** (1602) neben der barocken Jesuitenkirche **San Francesco Saverio,** dessen Rückseite sich auf die Via Torre Vanga öffnet (Durchgang

seitlich des Palasts). Vor der Umleitung ihres Flussbetts im 19. Jh. floss hier an der Grenze der Altstadt die Etsch vorbei, deren ehemaligen Verlauf man an der Straßenkurve Via Torre Vanga/Via Torre Verde ablesen kann.

An der Etsch entlang Richtung Süden führt die Via R. da Sanseverino zum ehemaligen Sommersitz der Fürstbischöfe, dem *Palazzo delle Albere ❺, der heute Ausstellungen moderner Kunst und eine Sammlung von Malerei des 19. und 20. Jhs. beherbergt (🕐 tgl. außer Mo 10–18 Uhr).

Vom Dom zur Bischofsburg

Vom Domplatz führt der Weg über die mit Caféstühlen besetzte Piazza Pasi in Richtung Largo Carducci, ein belebtes Viertel mit vielen Geschäften. Der Blick nach links in die Via Oss-Mazzurana fällt auf den großartigen *Palazzo Tabarelli (16. Jh.) mit einem ungewöhnlich reichen Relief aus bossierten Quaderflächen und breiten Gesimsbändern.

In der Via San Pietro steht die Kirche **San Pietro ❻**, das einzige gotische Gotteshaus der Stadt. Sie wurde von 1472–1482 unter Bischof Johannes von Hinderbach für die deutsche Gemeinde errichtet (Äußeres im 19. Jh. umgestaltet). Die Hauptstraße des deutschen Viertels war die *Via del Suffragio* jenseits der Via San Marco (an der Kreuzung eine Fassade mit Fresken des 16. Jhs. zur Herkulessage) mit ihren alten Laubengängen. Sie endet an der Piazza R. Sanzio, wo ein Stadttor zur Landstraße nach Bozen hinausführte.

Die **Torre Verde ❼** mit dem grünen Dach stammt von einem Bollwerk der Stadtmauer, die bis zur *Torre Vanga* am einstigen Flussufer entlang verlief.

Die Bischofsburg **Castello del Buonconsiglio ❽** aus verschiedenen Bauperioden vom Mittelalter bis zum Barock gehört zu den eindrucksvollsten Burgresidenzen Italiens. Ältester Kern ist eine Festung des 13. Jhs. um den römischen Augustusturm an der Stadtmauer. Ein Umbau erfolgte um 1400 durch Bischof Georg von Liechtenstein, der sich in der *Torre Aquila* (Adlerturm, Besichtigung: Info beim Museumswärter) einen Privatsalon schuf, dekoriert mit einem Reigen bunter ** *Monatsbilder,* der zu den schönsten Werken der höfischen Gotik gehört. Man sieht darauf Bauern beim Arbeiten und Adelige bei allerlei Vergnügungen.

Unter Johannes von Hinderbach entstand ein neuer *Cortile* (1475), der sich in einer dekorativen * *Loggia* mit venezianisch-gotischen Bogenformen zur Stadt hin öffnet.

Bernhard von Cles setzte den Block des „Magno Palazzo" in Renaissanceformen (1528 bis 1536) daneben. Die Österreicher degradierten das Kastell im 19. Jh. zur Kaserne und im Ersten Weltkrieg zum Gefängnis, in dem Cesare Battisti, Kämpfer für ein italienisches Trient, exekutiert wurde.

Das Castello ist heute Sitz des * **Museo Provinciale,** das Kunst des Trentino in historischen Räumen zeigt (☉ tgl. außer Mo 10–18 Uhr).

Fassadenfresken der Renaissance, bis heute nicht verblichen

❶ Palazzo del Pretorio
❷ Case Cazuffi
❸ Dom
❹ Palazzo Geremia
❺ Palazzo delle Albere
❻ San Pietro
❼ Torre Verde
❽ Castello del Buonconsiglio

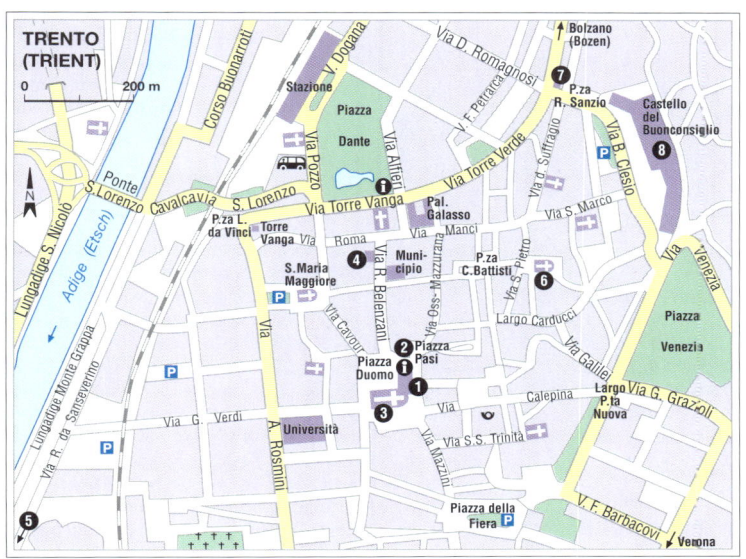

Ausflüge

Doss Trento. Den eiszeitlichen schroffen Felsblock (307 m) über dem Etschtal krönt heute ein Ehrentempel für den Widerstandskämpfer Cesare Battisti und das *Museo degli Alpini* (🕐 tgl. außer Mo 10–12, 13.30–17 Uhr).

Der **Monte Bondone** (19 km W) liegt mit vier Gipfeln über 2000 m, Ski- und Wandergebiet; * **Giardino botanico alpino** mit über 2000 Gebirgspflanzen (🕐 Sommer 9–12, 14.30–17 Uhr).

Tipp In **Mattarello** (an der SS12) liegt das * **Museo dell'Aeronautica** mit 20 Flugzeug-Oldtimern (🕐 tgl. außer Mo 9–13, 14 bis 17 Uhr).

Praktische Hinweise

☏ Vorwahl 0461.

 APT, Via Manci 2, ☏ 983880, 📠 984508; Internet: www.apt.trento.it.

 Accademia, Vicolo Colico 4/6, ☏ 233600, 📠 230174. Elegantes Altstadthotel mit gutem Restaurant. Ⓢ⟩⟩
Aquila d'Oro, Via Belenzani 76, ☏ 📠 986282. Beim Domplatz. Ⓢ
Villa Madruzzo, Ponte Alto 26 (außerh. Richtung Val Sugana), ☏ 986220, 📠 986361. Barockvilla mit modernen Zimmern und Restaurant. Ⓢ

⚠ **Mezzavia** in Sopramonte (7 km).

 Chiesa, Via Madruzzo 31 (Mi abend und So geschl.). Im Park von S. Marco. Ⓢ⟩⟩
Locanda Gius Port'Aquila, Via Cervara 66 (So geschl.). Traditionslokal bei der Bischofsburg. Ⓢ
La Buca di Bacco, am Castello di Buonconsiglio. Urige Osteria im Felsenkeller unter der Torre dell'Aquila. Mo und mittags geschl. Ⓢ

Enotheken: **Lunelli** (Lgo. Carducci 12), **Dolce Tre** (Lgo. Sauro 64).

Veranstaltungen: Im September **Trento Musicantica,** im Mai **Weinmesse.**

****Verona**

Römisch, romanisch, ritterlich

Verona (59 m, 255 900 Einw.) besitzt viele Attraktionen. Opernliebhaber wallfahren zu den Sommerfestspielen in der römischen Arena, romantische Gemüter zu den Weihestätten der tragischen Liebesgeschichte von Romeo und Julia, Kunstliebhaber zu den großartigen Kirchen des Mittelalters. Getränkt von Geschichte, erfüllt von lebendiger Gegenwart, bietet die Stadt ihren Besuchern eine malerische historische Kulisse unter südlichem Himmel, schöne Geschäfte und eine hervorragende Küche.

Tipp Parkgaragen finden Sie u. a. an der Piazza Cittadella (Nähe Piazza Brà) und V. Bentigodi (Corso Porta Nuova). Am Rathaus (Municipio, Piazza Brà) kann man Fahrräder mieten *(noleggio biciclette)*.
Für die Besichtigung von Dom, Sant' Anastasia, San Zeno, San Lorenzo und San Fermo (🕐 tgl. außer Mo 10–13, 13.30–16 Uhr) wird ein Sammelticket angeboten.

Geschichte

Von Rom selbst einmal abgesehen, gibt es in keiner anderen italienischen Stadt so viele Spuren der Römerzeit. Das antike Wegenetz bestimmt noch heute den Straßenverlauf der Altstadt in der Etschschleife. Veronas Entwicklung war immer mit seiner Lage an der Kreuzung großer Fernstraßen verbunden, von den antiken Konsularstraßen bis zum heutigen Autobahnknoten. Seine einstige strategische Bedeutung bezeugen noch heute die Reste dreier Festungsringe aus römischer, venezianischer und österreichischer Zeit.

Nach dem Untergang Roms residierte der Ostgotenkönig Theoderich in der Stadt, der in die deutsche Sage als Dietrich von Bern (Bern = Verona) einging. Danach hielten Langobarden und Karolinger in den verfallenden römischen Mauern Hof.

Im 11. Jh. wurde Verona Stützpunkt der deutschen Kaiser. Das 12. Jh. brachte die Stadtfreiheit (1136). Von 1262 bis 1387 währte die Ritterherrschaft der Scaliger. Wie alle Tyrannen des Mittelalters schmückten sie sich mit Geist und Kunst. Dante, aus dem heimatlichen Florenz verbannt, fand bei Cangrande I. della Scala Exil. 1405 unterwarf sich Verona freiwillig der venezianischen Republik. Nach dem Ende Venedigs war die Stadt im 19. Jh. Teil des habsburgischen Oberitaliens, bis sie 1866 Italien angegliedert wurde.

Der Schritt ins Industriezeitalter hielt mit Verspätung Einzug – erst nachdem Verona seine Rolle als Festungsstadt mit dem Ersten Weltkrieg ausgespielt hatte. Die schweren Schäden durch den Zweiten Weltkrieg fallen heute kaum

Blick vom Castello del Buonconsiglio über Trient

Fast tausend Jahre alt sind die Bronzetüren von San Zeno

Spektakel – einst und heute

Das bald 2000jährige Amphitheater von Verona ist neben dem Kolosseum in Rom heute das eindrucksvollste seiner Art. Von der äußeren Ringmauer, die beim Erdbeben von 1183 einstürzte, stehen nur noch vier Bögen. Obwohl die Arena jahrhundertelang als Steinbruch für Kirchen und Paläste in der Stadt diente, misst sie immer noch 152 m in der Länge und 123 m in der Breite und fasst in ihrem gewaltigen Inneren 22 000 Zuschauer.

In der Antike ergötzte man sich dort an Gladiatorenspielen und Tierhetzen, für die man sogar Panter und Löwen aus Afrika importierte. Im frühen Mittelalter bauten die Bischöfe das Amphitheater zur Burgfestung um. Ein grausiges Spektakel war 1278 die Verbrennung von 166 Bürgern aus Sirmione, die man der Ketzerei für schuldig befunden hatte. Unter den Scaligern wurde die Arena Schauplatz für Turniere und andere farbenprächtige Ritterspiele, in der Renaissance erneuerte man die Sitzreihen. Im Barock sah man hier Stierkämpfe und Komödien.

Im 19. Jh. gab es erstmals große Konzerte, im Wechsel mit Zirkusvorstellungen, Karnevalsumzügen, Radrennen u. ä. Die Aufführung von Verdis „Aida" zur Feier des hundertsten Geburtstags des Komponisten 1913 war der Auftakt zu den berühmten sommerlichen Opernfestspielen, die die Arena alljährlich in das größte Opernhaus der Welt verwandeln und über 600 000 Besucher anziehen.

mehr ins Auge. Danach kam mit der rasanten Entwicklung zum Industrie- und Handelszentrum, aber auch die Zersiedlung des Umlands.

Die Zentren der Altstadt

Die weiträumige * **Piazza Brà** ❶ ist das großartige Foyer des alten Verona, begrenzt von der römischen ** **Arena,** monumentalen Säulenfassaden und dem *Liston,* der breiten Promenade des 18. Jhs., wo sich unter den Arkaden die Stühle der Kaffeehäuser nahtlos aneinander reihen. Schon 1828 war das so, denn Heinrich Heine schrieb: „Auf dem Platze Bra spaziert, sobald es dunkel wird, die schöne Welt von Verona oder sitzt dort auf kleinen Stühlchen vor den Kaffeebuden und schlürft Sorbet und Abendkühle und Musik." Das *Caffè Liston* und das *Baglioni* sind heute die traditionellen Treffs der Veroneser.

Zu einem Besuch in die stille Welt klassischer Bildung lädt das **Museo Lapidario Maffeiano** ❷ ein, an der südwestlichen Ecke (im Hof des *Teatro Filarmonico),* eine Sammlung mit steinernen antiken Fundstücken (◷ Di–So 9–14 Uhr).

Die *Via Mazzini,* eine der ältesten Fußgängerstraßen Italiens, ist ein einziges Schaufenster und die immer belebte Hauptverbindung ins Zentrum der Altstadt, zur * **Piazza delle Erbe** ❸. Das malerische Marktzentrum erstreckt sich auf dem Platz des römischen Forums, dessen Pflaster 4 m unterhalb des heutigen Straßenniveaus liegt. Das städtische Wahrzeichen, die *Madonna di Verona* in der Platzmitte, eine antike Statue, die im 14. Jh. einen neuen Kopf erhielt, steht über einer Brunnenschale aus den römischen Thermen. Ungemein malerisch sind die Platzwände: die *Case dei Mazzanti* mit bunten Fresken (1530), die schmalbrüstigen Turmhäuser an der Ecke zur Via Mazzini, die romanische Loggia der *Casa dei Mercanti* (im 14. Jh. erneuert) und am Kopfende der hochbarocke *Palazzo Maffei* (1680).

Ein hoher Bogen *(Arco della Costa)* verbindet Herz und Haupt der Stadt, Volksplatz und Staatsplatz. Die auf allen Seiten durch Verbindungsbögen hofartig geschlossene * **Piazza dei Signori** ist die großartige städtebauliche Artikulation der Regierungsmacht.

Das älteste Gebäude, der **Palazzo del Comune** ❹, stammt aus der Zeit der Stadtfreiheit (Ende 12. Jh.); sein * *Innenhof* zeigt noch den Originalzustand. Auf die 83 m hohe *Torre dei Lamberti* kann man hinauffahren (Aussicht!). Die schöne *Außentreppe* des Hofs stammt von 1450. Der Palast daneben war der Sitz der venezianischen Statthalter. Ein Bogen über die Via S. Maria Antica verbindet ihn mit dem **Palazzo del Governo** (heute Präfektur) ❺, einem mächtigen Backsteinbau mit Ghibellinenzinnen. Die ehemalige Residenz der Scaliger wurde kurz nach 1300 errichtet, die hier so berühmte Gäste wie Dante und Giotto beherbergte.

Ein Schmuckstück der Frührenaissance ist die * **Loggia del Consiglio** (1490), perfekt harmonisch in den Proportionen und zart dekoriert mit fein ziseliertem Ornament.

 Würde und Eleganz atmet auch das **Antico Caffè Dante,** das älteste am Platz.

An die Piazza dei Signori schließt sich der Familienfriedhof der Scaliger mit den * **Arche Scaligere** ❻ an. Vor der kleinen romanischen Kirche *Santa Maria Antica* bauen sich die ungewöhnlichsten Grabdenkmäler auf: steinerne Sarkophage unter riesigen gotischen

Tabernakeln, auf deren hohen Spitzen Reiterstatuen der Verstorbenen balancieren. Ein schmiedeeisernes Gitter, in dem sich das Wappensymbol der Scaliger, die Leiter (ital. *scala*), vielfach wiederholt, umgibt den Bezirk. Das Original der Reiterstatue Cangrandes I. (gest. 1329) kann man im Museum des Castelvecchio genauer betrachten. In der *Via Arche Scaligere* zeigt man die *Casa di Romeo* (Nr. 2–4).

Die majestätische gotische Bettelordenskirche **Sant'Anastasia** ❼ (1290 bis 1323, fertig gestellt im 15. Jh.) schmückt ein prächtiges Portal aus polychromem Marmor (14. Jh.) vor der ansonsten roh belassenen Fassade. Der gotische *Innenraum* mit den buckligen Weihwasserträgern, den „due gobbi" (16. Jh.), enthält eine reiche Ausstattung. Man sollte sich zumindest einige der *Chorkapellen* näher ansehen. Schöne *Fresken* (um 1390) von Altichiero Altichieri schmücken die *Cappella Cavalli* ganz rechts. Auf dem

❶ Piazza Brà
❷ Museo Lapidario Maffeiano
❸ Piazza delle Erbe
❹ Palazzo del Comune
❺ Palazzo del Governo
❻ Arche Scaligere
❼ Sant'Anastasia
❽ Dom Santa Maria Matricolare
❾ Baptisterium San Giovanni in Fonte
❿ Biblioteca Capitolare
⓫ Casa di Giulietta
⓬ San Fermo Maggiore
⓭ Porta Borsari
⓮ Palazzo Bevilacqua
⓯ San Lorenzo
⓰ Castelvecchio
⓱ Römisches Theater
⓲ Santo Stefano
⓳ San Giorgio in Braida
⓴ Santa Maria in Organo

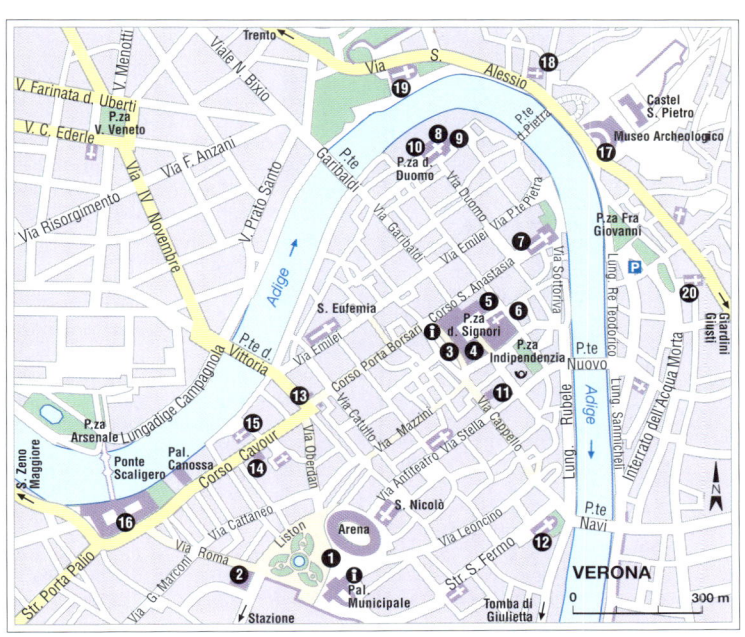

Querhausaltar daneben ist eine * *Sacra Conversazione* (s. S. 16) aus der Frührenaissance zu bewundern. Das * *Grabmonument* (1424–1429) in der Hauptkapelle zeigt die Reiterstatue des Condottiere Cortesia Serego, das der Donatello-Mitarbeiter Nanni di Bartolo schuf. In der nächsten Kapelle lauscht eine Renaissance-Gesellschaft aus der Zeit um 1500 einer * *Predigt Jesu* vor einer Gardaseelandschaft.

Das kostbarste Fresko wurde von der Wand gelöst und ist in einem Nebenraum zu besichtigen (Eingang im linken Querhausarm). Das um 1435 entstandene Meisterwerk Pisanellos, eine späte Blüte der höfischen Gotik, zeigt den * *Hl. Georg* als blond lockigen jungen Ritter mit der zarten Prinzessin, für die er den Drachen töten wird: ein dunkeltoniges, goldverklärtes Märchenbild. Nur die in extremer Verkürzung dargestellten Pferde deuten die zeitliche Nähe der Renaissance an.

 Von Art-déco-Objekten bei **Graffiti** bis zu altem Schmuck und Uhren bei **Antiqua:** Am Corso Sant'Anastasia und in der benachbarten Via Sottoriva konzentrieren sich die Läden auf Antikes.

Die *Via Duomo* mit schönen Palästen des 15. und 16. Jhs. führt direkt auf den Domplatz.

Der **＊＊Dom Santa Maria Matricolare ❽** wurde nach dem Erdbeben von 1117 neu errichtet und im 15. Jh. aufgestockt. Imposant staffeln sich die Giebel der Westfassade über dem Haupteingang. Die großartige romanische * *Portalplastik* (1139) hat der berühmte Meister Nicolò signiert, der auch die Portalzone von San Zeno (s. S. 34) gestaltet hat. Der dreischiffige Innenraum, in dem mächtige Bündelpfeiler aus rotem Veroneser Marmor die gotischen Gewölbe stützen, ist hallenartig weit. Aus dem Chorraum leuchten die jüngst gesäuberten Fresken von 1534 wie neu. In der ersten Kapelle links ist eine * *Himmelfahrt* Mariens (Assunta) von Tizian zu be-

wundern. In dem knienden Apostel rechts soll Tizian Sanmicheli porträtiert haben, den großen Veroneser Renaissance-Architekten.

Mit dem Dom sind weitere sehenswerte Bauten verbunden: das * **Baptisterium San Giovanni in Fonte ❾** mit außergewöhnlich schönen Reliefs von 1200 am Taufbecken, der romanische *Kreuzgang* und die noch ältere Kirche *Sant'Elena*. Die * **Biblioteca Capitolare ❿** neben dem Dom ist weltberühmt für ihre Sammlung antiker und frühmittelalterlicher Handschriften (🕐 tgl. außer So und Fei 9.30–12.30 Uhr).

Auf der Römerachse

Cardo maximus. Auf den Hauptstraßen der Römerstadt, die sich rechtwinklig am *Forum* (Piazza delle Erbe) kreuzten, spazieren die Veroneser bis heute.

Die von der Piazza delle Erbe abgehende **Via Cappello** mit der gotischen **Casa di Giulietta ⓫** (🕐 tgl. außer Mo 8–19 Uhr), wohin Julia-Verehrer in Strömen pilgern, liegt über dem antiken Cardo maximus. Ein Teil des römischen Stadttors, * *Porta dei Leoni,* ist auf der linken Seite sichtbar.

Vor den Mauern der Römerstadt wurde über den Grabkapellen frühchristlicher Märtyrer im 8. Jh. das Benediktinerkloster ＊＊ **San Fermo Maggiore ⓬** gegründet. Der Baukomplex mit malerischer Chorseite und zwei übereinander liegenden Kirchen ist einer der interessantesten Veronas. Die saalartige *Oberkirche* (14. Jh.) mit einer besonders schönen * *Holzdecke* aus dem Jahr 1314 enthält viele Fresken (u. a. eine * *Verkündigung* von Pisanello an der linken Seitenwand), Grabmäler und eine prächtige Kanzel von 1496. Ganz besonders eindrucksvoll ist die kryptenartige romanische * *Unterkirche* mit Fresken an den Schiffspfeilern aus dem 13./14. Jh.

Decumanus. Hinter der Piazza delle Erbe führt der Corso Porta Borsari entlang. Die schnurgerade Achse entspricht dem *Decumanus maximus* des römischen Verona.

An der römischen ⭐**Porta Borsari** ⓭, deren Außenfront mit übergiebelten Torbögen und Fenstern seit fast 2000 Jahren die Straße überbrückt, mündete die Via Postumia, die quer durch Oberitalien von Genua bis Aquileia führte. Zu einer Rast lädt das kleine *Caffè Sileno* neben dem Römertor ein, das mit pompejanischen Fresken dekoriert ist. Am Corso Cavour, Teil der römischen Via Postumia, steht auf Nr. 19 Sanmichelis **Palazzo Bevilacqua** ⓮ von 1534, dessen spiralig kannellierte Säulen deutlich von der Porta Borsari inspiriert sind.

Gegenüber liegt der Eingang zu einem faszinierenden Kirchenraum der Romanik (11./12. Jh.). Das heute schmucklose dreischiffige Innere von ⭐⭐**San Lorenzo** ⓯ zeigt das unverputzte Schichtmauerwerk aus gelblichem und rotem Stein und ist für italienische Verhältnisse ungewöhnlich schmal und hoch. Ungewöhnlich für eine romanische Kirche ist auch die Helligkeit, die über die Emporen den Raum erfüllt.

Schauplatz für Freiluft-Opernaufführungen ist die antike Arena

Die Loggia del Consiglio ist ein Juwel der Frührenaissance

Julia – die Heilige der Liebenden

An „Julia, Verona" richten Rat suchende Liebeskranke von Tokio bis Kansas City ihre Hilferufe. Und sie bleiben nicht ungehört, denn die Stadtverwaltung unterhält ein Büro mit mehreren Mitarbeitern, die als Briefkasten-Julias die Post beantworten.

Die Volksfantasie hat Shakespeares unsterbliche Geschichte von der tragischen Liebe zwischen Romeo und Julia mit außerordentlich suggestiven „Original"-Schauplätzen unterlegt. Als **Casa di Giulietta** wurde Reisenden bereits im 19. Jh. der romantische mittelalterliche Palazzetto in der Via Cappello gezeigt (s. links). 1935 erhielt er passend zur Beschreibung von Shakespeares Szene „in geheimer Nacht" einen Balkon, denn über einen solchen war der selig verliebte Romeo zum Fensterln eingestiegen.

Ein ähnlich malerisches Wohnhaus des 14. Jhs. in der Via Arche Scaligere wurde zur **Casa di Romeo** erklärt (s. S. 31). Besonders anrührend jedoch ist der Ort, den man für das Grab der Julia (**Tomba di Giulietta**) fand, das kleine, abgelegene Kapuzinerkloster San Francesco in der Via Pontiere im Südosten der Stadt, wo man ins dämmerige Licht uralter Gewölbe zu einem offenen Sarkophag aus rotem Marmor hinabsteigt.

Vorbei am *Palazzo Canossa* von San-micheli (Nr. 44) und dem römischen * *Arco dei Gavi,* der sich ursprünglich über der Via Postumia (Via Cavour) wölbte, erreicht man das * **Castel-vecchio ⓰**. Cangrande II. della Scala ließ 1354–1356 aus Furcht vor Unru-hen in der Stadt die mit einer Flucht-brücke über die Etsch (Adige) gesicher-te Burg errichten. Nach einem Umbau (Carlo Scarpa) beherbergt sie das * **Ci-vico Museo dell'Arte** mit der wichtigs-ten Sammlung Veroneser Meister der Gotik und Renaissance sowie bedeu-tenden Werken venezianischer Malerei (◷ tgl. außer Mo 9–19 Uhr).

Abseits des Altstadtkerns liegt die groß-artige romanische Basilika ** **San Zeno Maggiore,** jahrhundertelang das ei-gentliche geistliche Zentrum des bür-gerlichen Verona, deren Bau mit dem Aufstieg zur freien Stadtkommune ver-knüpft war (1118–1135). Architektur, Skulptur und Ausstattung sind glei-chermaßen bedeutend. Der hohe *Cam-panile* von San Zeno Maggiore ist der älteste des mittelalterlichen Verona.

Im Giebelfeld überreicht der hl. Zeno das Banner der Stadtkommune an die Bürger von Verona. Seine Wundertaten schildert der Fries darunter. Außeror-dentlich ist der expressive Reichtum der 24 Bronzetafeln des Portals mit Szenen aus dem Alten und Neuen Tes-tament sowie dem Leben des hl. Zeno (1100–1200).

Vom erhöhten Eingang blickt man tief in einen weiten, hohen * *Innenraum* von strenger Einfachheit. Einige der prachtvollen Säulenkapitelle stammen

Maestro Niccolò

Die herrliche ** *Portalanlage* von San Zeno Maggiore hat der große Maestro Niccolò signiert, einer der ersten romanischen Bildhauer Ober-italiens, von dessen Hand auch die Fassadenreliefs der Dome von Vero-na und Ferrara stammen (s. S. 32).

aus Bauten der Römerzeit, die hölzerne Schiffskieldecke ist von 1384. Der über der * *Krypta* erhöhte Chor enthält als Hauptaltar das berühmte ** *Triptychon* (1459) von Andrea Mantegna mit einer von Engeln flankierten Madonna und Heiligen, eines der ersten großen Wer-ke der Frührenaissance im Veneto. Se-henswert ist auch der * *Kreuzgang* des 14. Jhs., der einzige erhaltene Teil des Klosters, das 1810 auf Abbruch ver-kauft wurde. Den Bezirk von San Zeno beschließt auf der gegenüberliegenden Seite die Kirche **San Procolo.** Vor der * *Krypta* (beachtenswert die primitiven Säulenkapitelle des 8.–10. Jhs.) ist ein Teil des antiken *Friedhofs* freigelegt.

Jenseits der Etsch

Wer länger als einen Tag in Verona bleibt, sollte über den *Ponte della Pietra* im Norden auf die andere Fluss-seite wechseln. Der Hügel San Pietro ist der älteste Siedlungskern der Stadt. Zur Römerzeit erhob sich an der Stelle der österreichischen Festung ein römischer Tempel.

In Panoramalage ist darunter das * **Rö-mische Theater ⓱** (1. Jh.) in den Hang gebettet (**Museo Archeologico** ◷ tgl. außer Mo 9–19 Uhr). Zwei interessante Kirchenbauten stehen flussaufwärts: * **Santo Stefano ⓲**, die erste Kathedra-le Veronas, eine Gründung des 5. Jhs., mit frühchristlichen und mittelalter-lichen Relikten und einer Krypta des 10. Jhs., sowie * **San Giorgio in Braida ⓳**, ein Bau der Frührenaissance (ab 1477) mit einer weithin sichtbaren Kuppel von Sanmicheli. Den Hochaltar schmückt ein prächtiges Gemälde von Paolo Veronese: * *Martyrium des hl. Georg* (1566).

Vor der Kirche steht die ebenfalls von Sanmicheli erbaute **Porta San Giorgio** (1525), das älteste seiner schönen Fes-tungstore, die heute noch die Ausfall-straßen der Altstadt markieren.

Flussabwärts liegt * **Santa Maria in Organo ⓴** mit einer Fassade von Sanmicheli, Fresken und Chorgestühl der Renaissance und einer vorromanischen *Krypta. Von hier ist es nicht mehr weit bis zu den *Giardini Giusti, den schönen Gärten des gleichnamigen Palazzo. Schon Goethe lustwandelte hier.

Praktische Hinweise

☎ Vorwahl 045

 APT, Via degli Alpini (Piazza Brà), ☎ 8068680, 🖷 8003638; Internet: www.tourism.verona.it.

 Giulietta e Romeo, Vicolo Tre Marchetti 3 (bei der Arena), ☎ 8003554, 🖷 8010862. Modernisierter Palazzo. Ⓢ–Ⓢ
De Capuleti, Via del Pontiere 26, ☎ 8000154, 🖷 8032970. Gut, zentral. Ⓢ
Torcolo, Vicolo Listone 3, ☎ 8007512, 🖷 8004058. Nett und preiswert. Ⓢ

△ **Romeo e Giulietta,** Via Bresciana 54 (SS11, S. Massimo), ☎ 8510243.

 Bottega del Vino, Via Scudo di Francia 3. Der klassische Weinkeller (Di geschl.). Ⓢ
Locanda di Castelvecchio, Corso Cavour 49 (Di, Mi mittags geschl.). Authentische Veroneser Küche. Ⓢ
Alla Colonna, Largo Pescheria Vecchia 4. Gute Regionalküche, preiswert (So geschl.). Ⓢ–Ⓢ

 Der Treff für die späten Stunden ist **Il Posto,** Via Colonello Fincato 32, mit Live-Musik.

 Delikatessen bei **Salumeria Albertini,** Corso Sant'Anastasia 41.

Veranstaltungen: **Opernfestspiele** in der Arena; Infos: Piazza Brà 28, ☎ 8005151, 🖷 8011566; Kartenvorverkauf 🖷 8013287.
E-Mail: ticket@arena.it
Internet: http://www.arena.it.
Antiquitätenmarkt auf der Piazza San Zeno: 3. So im Monat.

Zum Haus der Julia pilgern Verliebte aus aller Welt

Romanische Bildhauerkunst hat das Hauptportal von San Zeno gestaltet

****Vicenza

Die Stadt Palladios

Die Provinzhauptstadt Vicenza (39 m, 107 500 Einw.) ist eine Stadt mit Stil, weltberühmt durch die klassischen Bauten, mit denen der große Renaissance-Architekt Andrea Palladio das Stadtbild geprägt hat. An den Straßen reiht sich ein Palast an den anderen, die Geschäfte sind elegant, die Atmosphäre ist von vornehmer Zurückhaltung. Aristokratische Villen zieren die Hügel der Umgebung. Sogar die Industrie beschäftigt sich mit Edlem. Vicenza ist eines der weltweit größten Zentren der Gold- und Juwelenverarbeitung mit Hunderten von Firmen und internationalen Fachmessen.

Sightseeing in Vicenza

Für einen ersten Überblick genügt ein Tag, für eine eingehendere Besichtigung von Stadt und Umgebung sollte man drei Tage investieren. Tipp: Von den Parkplätzen am Stadion (Via Bassano) und am Mercato Nuovo (Via Farini) verkehrt ein Pendelbus (Centrobus) in die Altstadt.

Geschichte

Die Stadt am Fuß der *Monti Berici* war nie bedeutend, hat aber ihre Lage an der wichtigsten Handelsroute Oberitaliens immer geschickt genutzt. Die Stadtentwicklung kennzeichnet seit der Römerzeit eine verblüffende Kontinuität.

Der Hauptplatz liegt auf dem Forum des römischen *Vicetia* (49 v. Chr. zum Municipium erhoben). Das zentrale Straßenkreuz der Römerzeit bestimmte die mittelalterliche Neuplanung, ob-

wohl die Stadt in den Stürmen der Völkerwanderung zerstört und entvölkert worden war.

Anfang des 12. Jhs. wurde der alte römische Stadtkern um Cardo und Decumanus in vier Viertel aufgeteilt, die als Zentrum jeweils eine Kirche erhielten: Dom, San Lorenzo, Santa Corona und San Michele. Unter der Herrschaft der Scaliger wurden die Stadtmauern um die Vorstädte im Osten und Westen erweitert, unter der Herrschaft Venedigs, der sich Vicenza 1404 freiwillig unterstellte, auch im Süden und Norden.

Im 15. und 16. Jh. versuchte die aristokratische Elite, sich gegenseitig mit repräsentativen Palästen zu übertrumpfen, die noch heute das Straßenbild prägen und deren Krönung die variantenreichen Entwürfe Palladios sind.

An der *Piazza dei Signori

Die **Piazza dei Signori** ist der Salon der Stadt. Dort sollte man sich erst einmal einen Logenplatz auf der Terrasse des *Gran Caffè Garibaldi* suchen und die großartige Fassadenwand von Palladios sogenannter ****Basilika ❶** genauer betrachten. Der Name signalisiert den Bezug auf die Antike. Er stellt den mittelalterlichen Justizpalast, der hier auf dem Platz des römischen Forums stand, in die Tradition der *Forumsbasilika,* die Sitz der Rechtsprechung im alten Rom war.

Mit seinem Entwurf, einem Meisterstück architektonischer Verkleidungskunst, gewann der bis dahin unbekannte Architekt 1546 den Wettbewerb zur Restaurierung des *Palazzo della Ragione,* dessen doppelstöckige Loggien eingestürzt waren. Die Aufgabe war eine zweifache: ein statisches Stützkorsett für das alte Bauwerk und ein dekoratives Fassadenbild für die Piazza. Mit geradezu feierlichem Ernst trug Palladio hier seine Vorstellung einer Baukunst nach den Regeln und mit den Würdemotiven der Antike vor. In freiester Weise variierte er das Vorbild

des Kolosseums in Rom und umman-
telte den gotischen Kern mit zweigeschossigen Pfeilerarkaden, gegliedert
durch Halbsäulen. Um die Unregel-
mäßigkeiten des Altbaus zu kaschieren,
fügte er neben den Bögen Rechtecköff-
nungen ein. Ihre Breiten wechseln un-
auffällig; so werden die verschiedenen
Achsenbreiten ausgeglichen, ohne die
Bogengröße zu verändern. Dadurch erhielt die Fassade eine reiche rhythmi-
sche Gliederung durch große und kleine Säulen und schattenreiche Öffnun-
gen verschiedener Form und Größe.
Diese Arkadenform fand so viele Nach-
ahmer, dass sie als „Palladio-Motiv" in
die Architekturgeschichte einging.

Neben der Basilika ragt der gotische
Stadtturm 82 m in die Höhe, die **Torre
di Piazza.** Den Schlussakkord des Platz-
ensembles bilden zwei **Säulen,** von denen die eine den geflügelten Löwen als
Machtsymbol Venedigs trägt, die andere eine Statue des Erlösers.

Die zierliche Bogenreihe an der Fassade des um 1500 entstandenen **Palazzo**

*Sanierungsmodell der Renais-
sance: Palladios Basilika*

Palladio und die Folgen

Der Baumeister, der die Architekturgeschichte wohl am maßgeblichsten be-
einflusste, stammte aus kleinen Ver-
hältnissen. Aus dem Steinmetz Andrea
di Pietro wurde erst spät der Baukünst-
ler mit dem humanistischen Beinamen
Palladio (1508–1580). Bei seinem ersten großen Auftrag, der Basilika von
Vicenza, war er bereits 36 Jahre alt.
Viel verdankte er der Förderung durch
den engagierten Vicentiner Adeligen
Giorgio Trissino, der ihn an das Studium der römischen Antike heranführte.

Niemand vermaß so genau wie Palladio
die Ruinen in Rom und studierte so intensiv Schriften des römischen Architekten Vitruv, um den geheimen Geset-
zen der antiken Baukunst auf die Spur
zu kommen. Palladios Stil ist nicht
leicht zu beurteilen. Er war kein kalter,

pedantischer Klassizist, sondern auf der
ständigen Suche nach ewig gültigen
Normen für Schönheit und Harmonie,
die man nach seiner Überzeugung nur
gewinnen kann „aus der Übereinstim-
mung des Ganzen mit den Teilen, sodass ein Gebäude als ein Körper mit
fehlerlosen und vollkommenen Proportionen erscheint, in dem jedes Glied
vom Standpunkt des ganzen Körpers
notwendig ist".

Seine weltweite Wirkung verdankte
Palladio weniger seinen ausgeführten
Bauten als seiner in den „Quattro Libri
dell'Architettura" veröffentlichten Ar-
chitekturlehre. Durch sie wurde ein
klassizistischer „Palladianismus" weltweit verbreitet, von England bis zum
Mississippi, von Finnland bis Neusee-
land.

Monte di Pietà gegenüber der Basilika zeigt, wie nachdrücklich Palladios Architektur neue Akzente setzte. Besonders markant ist der Kontrast zur *Loggia del Capitaniato daneben, Spätwerk Palladios (1570) mit kolossalen Säulen, die auf hohen Sockeln bis zum Dachgesims durchstoßen.

 Mit süßen Verführungen locken die traditionsreichen Konditoreien **Sorarù** an der Basilika und die **Offelleria della Meneghina,** Contrà Cavour 18.

Rund um den *Corso Palladio

Der **Corso Palladio,** die schnurgerade Hauptachse der Altstadt, liegt auf dem *Decumanus maximus* der Römerstadt. Hier und in den Nebenstraßen reihen sich elegante Geschäfte, Buchhandlungen, Feinschmeckerläden und schöne Paläste. An der Ecke zur *Contrà Cavour* – die Altstadtstraßen heißen in Vicenza „Contrà", nicht „Via" – residiert das **Rathaus ❷** in einem Palast des Palladio-Mitarbeiters und Nachfolgers Vincenzo Scamozzi von 1592. Die Fensterarkaden gotischer Paläste erinnern häufig an venezianische Vorbilder, so etwa der besonders schöne *Palazzo del Toso-da Schio ❸* aus dem Jahr 1477 auf Nr. 147.

In dem schmalen Haus Nr. 163, der sogenannten **Casa del Palladio ❹,** deren Loggia das „Palladio-Motiv" zeigt, soll der Baumeister gewohnt haben.

An der Piazza Matteotti zeigt der *Palazzo Chiericati ❺* eine luftige Fassade, die sich mit zwei Kolonnadenreihen zum Platz hin öffnet. Wie bei den meisten Bauten verwendet Palladio auch hier Ziegel und nicht kostbaren Marmor. Seine Architektur sollte in erster Linie durch gute Form überzeugen. Der Palazzo ist Sitz des *Museo Civico mit einer bedeutenden Gemäldesammlung vicentinischer und venezianischer Malerei (🕓 tgl. außer Mo 9–12.30, 14.30 bis 17, So 9.30–12.30 Uhr).

Den hölzernen Bau des *Teatro Olimpico ❻ hinter den Mauern des ehemaligen Carrara-Kastells (13. Jh.) entwarf Palladio für die Gesellschaft der *Accademia Olympica* (ab 1580 ausgeführt). 1585 mit einer Aufführung des „Oedipus Rex" von Sophokles eingeweiht und danach nie mehr benutzt, hat es als Rekonstruktion des antiken Theaters aus dem Geist des Humanismus die Zeiten überdauert. In dem beeindruckenden *Bühnenraum* von Scamozzi mit originaler Kulisse werden jährlich im September Klassiker aufgeführt (🕓 tgl. 9.30–12.30, 15–17.30 Uhr).

*Santa Corona ❼, die dreischiffige Basilika des weitläufigen Dominikanerklosters, entstand 1260–1270 und ist der Dornenkrone Christi gewidmet. Der Chorraum wurde 1480 neu gebaut. Ein Hauptwerk des venezianischen Renaissance-Meisters Giovanni Bellini enthält der 5. Seitenaltar links: **Taufe Christi* (um 1504), ein sanftes Stimmungsbild in verklärter Atmosphäre.

In der **Contrà Porti,** der nobelsten Straße der Stadt, reihen sich die Paläste dicht aneinander: zwei von Palladio, *Iseppo da Porto* (Nr. 21, Tiepolofresken, 🕓 Mo–Fr 8.30–12.30, 15–19 Uhr) und *Barbarano-Porto* (Nr. 11), andere aus der Spätgotik (Nr. 14, Nr. 17 und Nr. 19).

 Im **Palazzo Thiene ❽** auf Nr. 6 (1490) logiert seit 500 Jahren ein Gasthaus. Das Traditions-Restaurant **Tre Visi** (⑤) verlockt zum Stockfisch „alla vicentina" und einem Glas Wein von den Monti Berici.

Die Hauptfront des Palazzo blickt auf die parallel verlaufende *Contrà S. Gaetano da Thiene* und stammt ebenfalls von Palladio. Die *Fassade* (1542 bis 1546) ist ungewöhnlich „antiklassisch", kräftige Rustikaquader umklammern die Säulen der Fensterrahmungen.

Ein Bummel führt über die Contrà Riale zum geschäftigen *Corso Fogazzaro.* Er öffnet sich auf den Platz vor der Franziskanerkirche *San Lorenzo ❾, einem frühgotischen Backsteinbau mit schöner Portalplastik aus dem 14. Jh. Auf Nr. 16 des Corso Fogazzaro zeigt Palladios ***Palazzo Valmarana–Braga** ❿ das majestätische Motiv hoher, durchlaufender Pilasterbänder, das später zu einem typischen Gestaltungsmerkmal des Barock werden sollte.

Der Corso Palladio endet im Westen an der *Piazza Castello*. Davor liegt der Piazzale de Gasperi mit einem Turm der einstigen Scaligerburg. Der Fischteich mit der palladianischen **Loggetta Valmarana** ⓫ und der grüne **Giardino Salvi** gehörten zu einer großen Gartenanlage der Valmarana auf dem Gelände der Scaligerburg.

❶ Basilika
❷ Rathaus
❸ Palazzo del Toso-da Schio
❹ Casa del Palladio
❺ Palazzo Chiericati
❻ Teatro Olimpico
❼ Santa Corona
❽ Palazzo Thiene
❾ San Lorenzo
❿ Palazzo Valmarana-Braga
⓫ Loggetta Valmarana
⓬ Dom Santa Maria Maggiore
⓭ Rione Barche

Außerhalb der Altstadt steht am Corso San Felice die Kirche *Ss. Felice e Fortunato, an der sich besonders gut die lange Baugeschichte seit dem 4. Jh. ablesen lässt.

Vom *Dom zum Rione Barche

Der **Dom Santa Maria Maggiore** ⓬, im 13. Jh. auf älteren Vorgängerbauten errichtet, im 15. Jh. umgebaut (Fassade, Chor) und nach schweren Kriegszerstörungen wiederhergestellt, enthält im Inneren sehenswerte Altargemälde, u. a. ein *Polyptychon* (1366) von Lorenzo Veneziano (5. Kapelle rechts).

Vom Domplatz geht es weiter über die Contrà Pigafetta zur *Casa Pigafetta* mit einer dekorationsfreudigen Mixtur aus spätgotischen und Renaissance-Motiven und zur Piazza delle Erbe, dem Marktplatz an der Rückseite der Basilika. Hier wirken die Gebäude altertümlich und verwinkelt.

Bevor man den Retronefluss beim Ponte San Michele überquert, kann man noch durch das frisch sanierte Quartier

am ehemaligen Flusshafen, den **Rione Barche** ⓭, bummeln.

Die äußerlich eher bescheidene *Villa Valmarana ai Nani* (1669) in idyllischer Lage enthält einen bedeutenden **Freskenzyklus** (1757) von Giovanni Battista Tiepolo im Haupthaus und seinem Sohn Giandomenico in der Foresteria. Während der Vater in eine Fantasiewelt mythologischer Liebesgeschichten entführt, ist der Blick des Sohns irdisch und ironisch: Karnevalsszenen, bäuerliches Genre, Villenleben (🕐 Mi, Do, Sa, So, Fei 10–12, nachm. außer Mo tgl. 15–18 Uhr).

Weiter führt der Fußweg zur Villa Almerico-Capra, kurz *La Rotonda* genannt; diese berühmteste Villa Palladios wurde 1566–1567 errichtet. Auf einer niedrigen Anhöhe gelegen, wendet der majestätische quadratische Kuppelbau allen vier Himmelsrichtungen eine klassische Tempelfront auf hohem Treppenpodest zu. Hier geht die Form eindeutig vor der Funktion. Das erkannte bereits Goethe, der trotz seiner Begeisterung für Palladio die Villa „wohnbar, aber nicht wöhnlich" (sic!) fand (🕐 Haus: Mi 10–12, 15–18 Uhr, nur Garten: Di–So 10–12, 15–18 Uhr.)

Auf dem Rückweg besucht man die spätbarocke Wallfahrtskirche **Basilica di Monte Berico** in dominierender Höhe mit schönem Panoramablick über die Stadt. Die Anstrengung lohnt sich, denn im Refektorium des Klosters ist eines der berühmten Gastmähler Veroneses zu bewundern, die *Cena di S. Gregorio Magno* (1572).

Zurück in die Stadt gelangt man an einem Bogengang des 18. Jhs. entlang (Viale X Giugno). Über die Contrà S. Silvestro und Contrà SS. Apostoli kann man über den Ponte di S. Paolo bis zur Piazza delle Erbe weitergehen.

Hügelvillen über Vicenza

Zwei berühmte Villen am Abhang des Monti Berici über der Stadt kann man mit dem Auto, aber auch zu Fuß besuchen. Der Weg geht über den Ponte San Michele, Contrà San Tommaseo, Contrà Santa Caterina. Man überquert die Ringstraße Viale Risorgimento und erreicht durch ein Palladio-Tor, *Arco delle Scalette,* einen Treppensteig, auf dem man schnell an Höhe gewinnt. An seinem oberen Ende (schöner Stadtblick) biegt man nach links auf einen alten Pflasterweg (Via San Bastiano) ab, der zwischen hohen, überwachsenen Mauern zu den schönsten Villen Vicenzas führt.

 Beliebte Schlemmerziele in den Monti Berici sind die soliden Trattorien **Zamboni** in Lapio und die **Antica Hostaria di Penacio** in Soghe, beide bei Arcugnano.

Praktische Hinweise

☎ Vorwahl 0444

 APT, Piazza Matteotti 12
(🕐 9–12.30, 15–18.30,
So 9.30–12 Uhr); im Internet:
www.ascom.vi.it/aptvicenza.

 Castello, Contrà Piazza del
Castello 24, ☎ 323585,
🖨 323583. Mittelklassehotel
am Altstadtrand. Ⓢ
Palladio, Via Oratorio dei Servi 25,
☎ 321072, 🖨 547328. Nur 100 m
von der Basilika entfernt. Ⓢ
San Raffaele, Viale X Giugno 10,
☎ 545767, 🖨 542259. Auf dem Weg
zum Monte Berico, Garten. Ⓢ
Villa Michelangelo, 7 km außerhalb
in Arcugnano, Via Sacco 19,
☎ 550300, 🖨 559490. Absolute
Ruhe in Panoramalage, Garten und
Schwimmbad. Ⓢ))

 Il Cursore, Stradella
Pozzetto 10 (Di geschl.). Leb-
haftes Traditions-Gasthaus,
Stockfischgerichte (baccalà). Ⓢ
Righetti, Piazza Duomo
(Sa/So geschl.). Self Service mit
Ambiente. Ⓢ–Ⓢ

 Libreria Traversi, Corso
Palladio 172. Das Sortiment
umfasst Bücher über Kino
und Comics (Fumetti).

Palladio–Villen
in der Umgebung

Mit Ausflügen zu den über 50 Villen
aus dem 16.–18. Jh. in der Umgebung
könnte man mühelos ein vierzehntägi-
ges Reiseprogramm bestreiten. Dazu
gehören u. a. die Palladio-Villen:

*Villa **Cordellina** in Montecchio
Maggiore (14 km nach Westen; *Tiepolofresken); *Villa **Godi** in Lugo
(30 km nach Norden); **Villa Pisani** in
Bagnolo di Lonigo (23 km nach Süden); **Villa Pojana** in Pojana Maggiore
(42 km nach Süden). Infos: APT von
Vicenza.

*Ein Meisterwerk der Gotik ist das
Portal von San Lorenzo*

Idylle in Vicenza

Vorhof des Teatro Olimpico

**Padua

Wissenschaft und Wunderglaube

Padua (12 m, 215 000 Einw.) ist nach Venedig und neben Verona die größte und wichtigste Stadt des Veneto. Hier vertrugen sich immer schon Alt und Neu, Tradition und Fortschritt, freie Gedanken und konservative Frömmigkeit. Fast 70 000 Studenten zählt die 1222 gegründete traditionsreiche Universität. Fast ebenso alt ist die Basilika des hl. Antonius, eine der bedeutendsten Wallfahrtsstätten Italiens. Von jeher wurde Paduas kommerzieller Reichtum auch in Kunst investiert. So gehören die Fresken des großen Giotto in der Arenakapelle zu den absoluten Höhepunkten einer Kunstreise.

Biglietto unico

Günstig ist das Sammelticket (Preis: 15 000 Lire) für die wichtigsten Museen und Kirchen.

Achtung: Die Arena-Kapelle ist nur nach Voranmeldung zu besichtigen ☎ 049/8204550.

Geschichte

Padua ist eine der ältesten Städte des Veneto. Schon lange bevor die Römer kamen, existierte eine bedeutende Siedlung der Veneter in der Flussschleife, deren Rund heute noch im Straßenplan der Altstadt sichtbar ist.

Vom *Patavium* der Römerzeit, dessen Größe und Reichtum von Zeitzeugen überliefert ist, sind kaum Spuren geblieben. Daran sind die Langobarden

schuld, die Padua im Jahre 601 dem Erdboden gleichmachten. Erst im 11. Jh. entfaltete sich unter Förderung der Bischöfe neues Leben auf dem Boden der Römerstadt. 1175 wählte man den ersten *Podestà* als Oberhaupt der freien Stadtkommune, im Jahr 1218 entstand am Markt ihr stolzes Symbol, der *Palazzo della Ragione*. 1222 wurde die Universität gegründet. Kunst und Wissenschaft wurden im 14. Jh. unter der Herrschaft der *Carrara* (1338–1405) gefördert. Von 1405–1797 verblieb Padua unter dem sanften Joch Venedigs.

Nach der verhassten Habsburgerherrschaft erfolgte 1866 der Anschluss an das Königreich Italien. Schwere Schäden erlitt die Altstadt während der Luftangriffe des Zweiten Weltkriegs.

Rund um den *Palazzo della Ragione

Die Mitte der Bürgerstadt ist bis heute der **Palazzo della Ragione ❶**, der Rats- und Gerichtssaal von 1218 (Erweiterung 1309), ein mächtiger frei stehender Bau mit zweigeschossigen Loggien und einem gewaltigen Kielbogendach. *Salone* nennen ihn die Paduaner nach dem riesigen Versammlungsraum im Obergeschoss, der den Bau in ganzer Länge und Breite (80 m x 27 m) ausfüllt. Er ist über und über mit *Fresken* bemalt, die u. a. den Einfluss der Sternzeichen zum Thema haben, der größte Zyklus dieser Art. Die Ausmalung durch Giusto de'Menabuoi und andere geschah erst nach dem Großbrand von 1420, der Unersetzliches vernichtete: den ursprünglichen Freskenschmuck von Giotto. Das überdimensionale Holzpferd im Saal stammt von einem Festumzug des 15. Jhs. (🕐 tgl. außer Mo 9–19 Uhr, im Winter bis 18 Uhr).

 Vor dem Palazzo della Ragione breitet sich auf der *Piazza delle Erbe der farbige Gemüse- und Obstmarkt aus, der bereits auf die Frühzeit der Kommune im 12. Jh. zurückgeht.

An der Ostseite ist der Palazzo della Ragione über einen Bogen mit dem **Rathaus** im ehemaligen Stift *Palazzo del Podestà* verbunden.

Das Labyrinth der Marktstände setzt sich unter den Arkaden und Gewölben des Salone fort bis zur *Piazza delle Frutta* an seiner Rückseite. Von hier führt die Via Marsilio da Padova, entlang an der einladenden Terrasse des *Caffè Margherita* zu einem Torbogen unter der *Casa di Ezzelino* (12. Jh.). Die dahinter liegenden Straßen um die *Piazza Insurrezione* sind das Ergebnis einer städteplanerischen Verfehlung der 20er Jahre, als das mittelalterliche Stadtviertel *Santa Lucia* abgerissen und ohne Rücksicht auf historische Strukturen neu bebaut wurde.

Nur ein paar Schritte trennen das Zentrum der Bürgerstadt von dem der Machthaber, wo einst an der **Piazza dei Signori** der Herrschersitz *(Reggia)* der Carrara stand. Nach ihrem Sturz richteten hier die Venezianer die Säule mit dem Markuslöwen als Siegeszeichen auf und säumten die Piazza mit eleganten, neuen Verwaltungsbauten: der schön proportionierten ***Loggia del Consiglio ❷** (1496 bis 1523; von Giovanni Falconetto, dem Paduaner Renaissance-Baumeister) und den Flügeln des **Palazzo del Capitanio ❸** (1598–1605) mit einem Uhrturm von Falconetto 1534 in der Mitte gestaltet (Uhr von 1437).

Durch den Bogen des Uhrturms gelangt man auf die *Corte Capitaniato,* einen hofartigen Platz, der einst zur Reggia (Residenz) der Carrara gehörte. Hier liegt auf der linken Seite das **Liviano ❹**, Sitz der philosophischen Fakultät der Universität. Die Caféstühle unter schattigen Bäumen sind ein beliebter Treff der Studenten zu einem mittäglichen „spuntino" (Imbiss).

Durch die *Via Accademia* erreicht man das religiöse Zentrum der Stadt, die Piazza del Duomo. Neben dem **Dom ❺**, gegründet im 9. Jh., dessen Baugestalt nach dem Neubau (1551–1754) keine

❶ Palazzo della Ragione
❷ Loggia del Consiglio
❸ Palazzo del Capitanio
❹ Liviano
❺ Dom
❻ Baptisterium
❼ Santa Giustina
❽ Orto Botanico
❾ Sant'Antonio
❿ Scuola del Santo
⓫ Oratorio San Giorgio
⓬ Eremitani-Kirche
⓭ Museo Civico Eremitani
⓮ Arenakapelle
⓯ Caffè Pedrocchi
⓰ Universität

mittelalterlichen Spuren mehr aufweist, liegt das romanische * **Baptisterium ❻**, die Taufkapelle (12./13. Jh.), die von den Carrara zum Familienmausoleum umfunktioniert wurde. Der schlichte Kubus ist innen bis in die Kuppel hinauf mit einem * *Freskenzyklus* bemalt, in dem sich Einflüsse der Arenakapelle Giottos (s. S. 46) und byzantinische Bildtraditionen mischen. Er ist das Hauptwerk des Florentiners Giusto de'Menabuoi, das um 1380 im Auftrag von Fina Buzzacarini, der Gattin des kunstsinnigen Carrarafürsten Francesco il Vecchio, ausgeführt wurde (🕐 9.30–13.30, 15–19 Uhr).

Shopping

Paduas Shoppingmeile liegt zwischen Piazza Garibaldi und Canton del Gallo. Antiquitätenfreunde zieht es in die Via Zabarella, Via Soncin und Via Solferino.

Vom Dom zum Santo

Vom Domplatz zweigt die **Via Soncin** ab, wo auf Nr. 13 ein besonders sympathischer Ort für eine Erholungspause winkt, die *Osteria L'Anfora* (💲). Die Straße führt weiter zu einem kleinen Plätzchen an der Mündung der **Via Solferino** und in ein noch ganz mittelalterliches Padua enger Gassen mit den heimeligen Laubengängen, die vor Sommerhitze und Regen schützen. Der napoleonische Kataster hat sie einst gezählt und insgesamt nicht weniger als 24 km registriert! An der Ecke gibt es ein kleines, nettes Café, gegenüber die schicke *Enoteca La Vecchia,* wo man auch gut essen kann, z. B. Lamm mit Minze (💲💲).

Um die Via Soncin und Solferino lag zwischen 1603 und 1797 das jüdische Ghetto. Paduas Universität war damals die einzige, die Juden zum Medizinstudium zuließ. Die letzte der drei Synagogen, von den Nazis 1943 in Brand gesteckt, wurde 1998 restauriert.

Über die Via Roma und Via Umberto gelangt man in südlicher Richtung zu der weiten Platzfläche des * **Prato della Valle,** die 1775 nach der Trockenlegung einer Sumpfwiese am Stadtrand zu einem neuen Markt- und Messeplatz von barocker Pracht umgestaltet wurde. 78 Statuen berühmter Bürger flankieren einen elliptischen Ringkanal, über den zierliche Brücken zu einer zentralen Inselwiese *(prato)* führen. Hier finden noch immer Märkte statt.

 Auf dem Prato della Valle findet jeden 3. Sonntag im Monat ein großer „Mercatino d'Antiquariato" statt.

Den Prato della Valle umgibt noch die ursprüngliche niedrige Wohnbebauung, aus der nur die mächtige Silhouette der Benediktinerkirche * **Santa Giustina ❼** herausragt. Über älteren Vorgängerbauten errichtete man im 16. Jh. eine neue Klosterkirche von kolossalen Ausmaßen (122 m Länge) mit acht Kuppeln nach dem Vorbild der benachbarten Antoniusbasilika.

Der am Plan venezianischer Renaissancekirchen orientierte Innenraum mit seinen gigantischen Pfeilern ist von schier erdrückenden Dimensionen. Am interessantesten sind die Teile der älteren Bauten zwischen südlichem Querhaus und Chor, darunter der * *Sacello di San Prodosimo* aus dem 6. Jh. und die Sakristei von 1462. In der *Cappella di Santa Luca* ist Elena Lucrezia Cornaro Piscopia begraben, die als erste Frau der Geschichte 1678 in Padua die Doktorwürde erlangte (🕐 9–12, So 15–20 Uhr).

Auf dem Weiterweg zum Santo sollte man nicht den Eingang zum * **Orto Botanico ❽** übersehen, dem ältesten seiner Art, der 1545 von der Universität zum Studium der Heilpflanzen eingerichtet wurde und über den damals exotische Importe wie die Kartoffel und die Sonnenblume in Europa verbreitet wurden. Der älteste Baum, die 1578 gepflanzte „Goethepalme", hat der Dichterfürst bereits bewundert, der bei seinem Besuch angesichts der botanischen Vielfalt des Gartens über seine Theorie einer „Urpflanze" nachdachte (🕐 tgl. außer So 9–13, 15 bis 18 Uhr, Winter 9–13 Uhr).

Die Basilika **Sant'Antonio ❾**, kurz „Il Santo", wurde 1232, ein Jahr nach dem Tode des Heiligen, über seinem Grab errichtet. Architekturgeschichtlich stellt der Bau ein Unikum dar in seiner merkwürdigen Synthese von spitzen gotischen Giebelfassaden, Kuppeln nach dem Vorbild von San Marco in Venedig und minarettartigen Türmen (🕐 6.30–19.45 Uhr, Winter bis 19 Uhr).

Bildergeschichten aus dem Mittelalter zieren den Salone in Padua

Die Basilika enthält * Bronzewerke von Donatello am Hochaltar und großartige Fresken von Altichieri (1372–1377) in der * Cappella di San Felice im rechten Querhausarm, mit einer Kreuzigung und Heiligenszenen, auf denen auch Petrarca und Franceso il Vecchio da Carrara mit rotem Barett und weißer Feder dargestellt sind. Im linken Querarm befindet sich die * Cappella dell'Arca del Santo, die Grabkapelle des hl. Antonius.

Stolz wie ein römischer Imperator blickt der Bronzereiter vor der Basilika über den Andenkenkitsch auf der **Piazza del Santo** zu seinen Füßen hin-

Die Basilika des heiligen Antonius ist das Ziel vieler Wallfahrten

Sant'Antonio

Am 13. Juni feiert nicht nur Padua ein großes Stadtfest zu Ehren des hl. Antonius, sondern auch Lissabon, wo der sanfte Heilige mit dem Lilienzweig und dem Jesuskind auf den Armen 1195 als Fernando de Bulhões geboren wurde. In Padua starb er 1231 als berühmter franziskanischer Prediger und Wunderheiler. Obwohl er nur die letzten Monate seines Lebens hier verbrachte, nahm die ganze Bevölkerung an seinem Begräbnis teil. Schon ein Jahr später wurde er heilig gesprochen und zum himmlischen Fürsprecher Paduas ernannt. Kurz darauf, am 30. Mai 1232, beschloss man den Bau einer Kirche zu Ehren des neuen Schutzpatrons. Heute ist Sant'Antonio der populärste Heilige Italiens, der durch seine Wunder allen hilft, die etwas verloren haben: den Glauben, die Gesundheit, die Liebe oder den Geldbeutel.

weg. Das * *Standbild des Gattamelata* ist ein Meisterwerk Donatellos (1452) und stellt Erasmo de' Narni dar, einen Condottiere (Söldnerführer) im Dienste Venedigs, der wegen seiner Verschlagenheit „die gefleckte Katze" hieß.

Rechts der Basilika schließt sich die * **Scuola del Santo** ❿ an mit * *Fresken* des frühen 16. Jhs. aus dem Leben des Heiligen, an denen der junge Tizian mitwirkte, und das * **Oratorio San Giorgio** ⓫ mit besonders schönen Fresken von Altichieri aus dem Jahr 1384 (🕐 9–12.30, 14.30–19 Uhr).

Die *Via del Santo* ist der Beginn einer Straßenachse, die von der Basilika schnurgerade zurück ins Zentrum führt. Ein kleiner Abstecher durch die Via Altinate, die einstige Landstraße nach Venedig, führt zur schlicht-schönen romanischen Kirche * **Santa Sofia.**

* Eremitani–Kirche und ** Arenakapelle

Als 1944 ein Bombenangriff die **Eremitani-Kirche** ⓬ und das dazugehörige Kloster in Schutt und Asche legte, ging mit den einstürzenden Mauern u. a. das große Frühwerk von Andrea Mantegna in der * *Ovetari-Kapelle* verloren, einer der bedeutendsten Freskenzyklen der italienischen Frührenaissance. Nur zwei Bildszenen sind teilweise erhalten, anhand derer man die Größe des Verlusts ermessen kann (🕐 8.15–12.15, 16–18 Uhr). Im rekonstruierten Klosterkomplex hat man mit dem ** **Museo Civico Eremitani** ⓭ ein neues Museumszentrum eingerichtet, zu dem u. a. das * *Archäologische Museum* und eine * *Pinakothek* mit 500 venezianischen Gemälden gehören (🕐 tgl. außer Mo 9–19 Uhr).

Über das Museum erhält man Zugang zur **Arenakapelle** ⓮, offiziell **Cappella degli Scrovegni.** Sie wurde von dem Bankier Enrico Scrovegni kurz nach 1300 zusammen mit einem Palast (abgebrochen) auf dem Gelände des römischen Amphitheaters (Arena) in

Auftrag gegeben, vielleicht um Abbitte für die Sünden seines Vaters zu leisten. den Dante als Wucherer brandmarkte. 1305 holte er den großen Giotto aus Florenz, der mit den einzigartigen ** *Fresken* sein Meisterwerk schuf. Unter dem blauen Himmelsgrund der Wölbung wird das Leben Christi und Mariens in einer neuen, zukunfsweisenden Bildsprache illustriert: plastische, körperschwere Figuren, eine szenische Zuspitzung auf den dramatischen Augenblick, eine lapidare, aufs Wesentliche konzentrierte Komposition. Den Altar schmückt eine * *Madonnenstatue* von Giovanni Pisano.

Café der offenen Türen

Unbedingt einkehren sollte man an der Piazza Cavour in das traditionsreichste (seit 1831) und berühmteste Kaffeehaus der Stadt, das * **Caffè Pedrocchi** ⓯. Zu seiner Zeit hieß es das „Café der offenen Türen", weil es rund um die Uhr geöffnet war. Hier versammelten sich 1848 die rebellischen Geister der Universität, um den Aufstand gegen die Österreicher (Insurrezione) anzuzetteln. Heute ist das Pedrocchi vornehm geworden, und Studenten leisten es sich höchstens für die Examensfeier, die *laurea*. Die prachtvollen Säle des Obergeschosses (ägyptisch, griechisch und pompejanisch) sind zu besichtigen (🕐 Di–So 9.30–12.30, 15.30–18.30 Uhr).

Schräg gegenüber an der Via VIII Febbraio steht das Hauptgebäude der **Universität** ⓰, genannt *Il Bò* (Ochse) nach dem Gasthof zum Ochsen, der hier bis zum 16. Jh. stand. Die 1222 gegründete Universität von Padua bildete nicht nur die geistige Elite Venedigs aus, sondern genoss internationalen Ruf.

Ihr größter Ruhm ist bis heute die medizinische Forschung. Bei einer Führung kann man u. a. das *Katheder* besichtigen, an dem Galilei 1592–1610 lehrte, und das berühmte * *Teatro Anatomico,* den Anatomiesaal von 1592, in dem trotz kirchlichen Verbots heimlich in der Nacht Leichen seziert und die Grundlagen für die moderne Anatomie geschaffen wurden (⟳ Führungen Mo, Mi, Fr 15 u. 16, Di, Do, Sa 9 u. 11 Uhr).

Praktische Hinweise

☎ Vorwahl 049

 APT, Museo al Santo (Piazza del Santo); Bahnhof. Im Internet: www.padovanet.it/apt.

 Ende März–Okt. Schiffsausflüge auf dem Brentakanal bis Venedig mit Besuch historischer Villen (u. a. das Dogenschloss * **Villa Pisani** in Strà und die * **Villa Malcontenta** von Palladio); Info: Siamic-Express, Via Trieste 42, ☎ 660944, 📠 662830.

 Brentavillen, in denen man stilvoll übernachten kann, sind z. B. **Villa Ducale** in Dolo, ☎ 041/5608020, 📠 5608004, oder **Villa Margherita** in Mira, ☎ 4265800, 📠 4265838.

 Majestic Hotel Toscanelli, Via dell'Arco 2, ☎ 663244, 📠 8760025. 4-Sterne-Hotel im Herzen der Altstadt. ⑤⟩⟩ **Giardinetto,** Prato della Valle 54, ☎ 656766, 📠 656972. Hübsches Hotel in grüner Stadtlage. ⑤⟩⟩ **Al Cason,** Via Paolo Sarpi 40, ☎ 662636, 📠 8754217. Mittelklasse-Hotel vor der alten Stadtmauer. ⑤⟩

 Mario e Mercedes, Via S. Giovanni da Verdara 13 (Mi geschl.). Schönes Ambiente und sehr gute Küche unter Altstadtlauben. ⑤⟩ **Leonardii,** Via Pietro d'Abano. Enoteca mit guter Küche und Käseauswahl; So geschl. ⑤⟩

🛍 **Sartoria Arabesque,** Via Beato Pellegrino 15. Exzentrisches zum Anziehen.

Barocker Marktplatz: Prato della Valle

Die Arenakapelle birgt die schönsten Fresken Giottos

Im Anatomietheater wurde schon im 16. Jh. seziert

★★Triest

Im Schatten vergangener Größe

Von der imposanten Wasserfront am azurblauen Golf steigt die Stadt (228 400 Einw.) steil auf zu den weißen Felsen der Karstberge. Eingeengt ist sie heute nicht nur in geographischer Hinsicht, denn die politischen Veränderungen nach zwei Weltkriegen haben die einstige Hafenmetropole des Habsburgerreiches zu einer Grenzstadt im toten Winkel gemacht.

Triest ist eine melancholische und verschlossene Stadt, in der Schönheit und Verfall dicht beieinander liegen. Ihr besonderer Reiz für den Besucher liegt nicht zuletzt in der Spurensuche nach der multikulturellen Vergangenheit, dem italienischen, österreichischen, slawischen, griechischen und jüdischen Triest, das sich überall spiegelt: in den Straßennamen und auf den Friedhöfen, den Kirchen, den Kaffeehäusern und ganz besonders in der Küche. Zwar hat die Stadt keine ganz großen Einzel-Sehenswürdigkeiten zu bieten, dafür aber ein einheitlich geplantes Straßenbild des 18. und 19. Jhs. mit Bauten aus Klassizismus, Historismus und Jugendstil.

Geschichte

Der alte Name der Stadt, *Tergeste*, stammt aus vorrömischer Zeit. Der Hügel von San Giusto war schon in grauer Vorzeit bewohnt. Unter Kaiser Augustus wurde der Ort zur Grenzfestung des Römischen Reiches gegen die Illyrer ausgebaut und wuchs den Hang hinunter bis zum Hafen. Nach wechselnder Herrschaft von Byzantinern, Goten, Langobarden, Franken und ei-

ner kurzen Epoche als freie Stadt unterstellte sich Triest 1382 der Herrschaft der Habsburger, um Venedigs Machtanspruch zu entgehen, und blieb danach für über 500 Jahre österreichisch.

Der kometengleiche Aufstieg begann jedoch erst 1719 mit der Ernennung zum Freihafen. Unter Maria Theresia (1740–1780), die Triest mit weiteren Privilegien ausstattete, strömten Unternehmungslustige aus allen Himmelsrichtungen in die Stadt, die zu einem typischen Produkt des Vielvölkerstaats der Donaumonarchie wurde. Die Einwohnerzahl stieg von etwa 4000 zu Beginn des 18. Jhs. auf 200 000 gegen Ende des 19. Jhs. Von Napoleon dreimal besetzt, kam Triest 1814 endgültig wieder an Österreich und erlebte im 19. Jh. seine größte Blütezeit als Handelszentrum.

Die kosmopolitische Metropole des Fin de Siècle hatte zwei Gesichter: Einerseits brachte ihr offenes geistiges Klima mit Italo Svevo einen der größten Schriftsteller der frühen Moderne hervor (s. S. 18), andererseits schürte eine nationalistische Bewegung, die den Anschluss Triests an Italien forderte, die Spannungen zwischen den ethnischen Gruppen. Anti-österreichische Triestiner Patrioten kämpften im Ersten Weltkrieg an der Seite Italiens. Die Vereinigung mit Italien 1918 rückte die Stadt aus der Mitte in eine Randlage, erst recht die Folgen des Zweiten Weltkriegs, als Triest mit Istrien sein Hinterland an Jugoslawien verlor. Übrig blieb die kleinste Provinz Italiens (212 km²), die 1964 mit Friaul vereinigt wurde.

Piazza dell'Unità

An Sonntagen liegt die zum Meer hin geöffnete **Piazza dell'Unità ❶** da wie von de Chirico entworfen; ein weites, menschenleeres Rechteck am Meer (16 000 m²), auf das die riesigen Kuben der Paläste ihre Schatten werfen. An der Kopfseite steht das gewaltige Rathaus, der *Palazzo Comunale*, mit reichem architektonischen Relief (1875). Zurückhaltender präsentiert sich die *Casa Stratti* an der Nordseite mit dem legendären, leider modernisierten * *Caffè degli Specchi* (seit 1839). Mosaiken glänzen auf dem weißen *Palazzo del Governo* (heute Prefettura) an der Hafenseite, den der Wiener Architekt Emil Artmann 1905 errichtete.

Gegenüber erhebt sich der Palazzo des *Lloyd Triestino,* ein Gebäude des Wiener Ringstraßen-Architekten Heinrich Ferstel, 1880–1883 entstanden. Es ist ein Symbol des alten Triest, Sitz der ältesten (seit 1830) und größten Schifffahrtsgesellschaft an der Adria, deren Dampfer von Alexandrien bis China und Japan verkehrten. Auf dem *Molo Audace* vor der Piazza, benannt nach dem jubelnd begrüßten ersten italienischen Torpedoschiff, das hier im Ersten Weltkrieg vor Anker ging, gehen die Triestiner gerne spazieren und bewundern das Uferpanorama.

Zum Colle San Giusto

Hinter dem Rathaus gelangt man über eine kurze Stichstraße zur *Via del Tea-*

Der Canal Grande ist das Zentrum des Borgo Teresiano

❶ Piazza dell'Unità
❷ Santa Maria Maggiore
❸ Kathedrale San Giusto
❹ Museo di Storia ed Arte
❺ Kastell
❻ Teatro Romano
❼ Sant'Antonio Nuovo
❽ Palazzo Carciotti
❾ Piazza della Borsa
❿ Piazza Goldoni
⓫ Museo Morpurgo
⓬ Synagoge
⓭ Piazza Hortis
⓮ Palazzo Revoltella
⓯ Museo Sartorio

tro Romano. Die klotzige faschistische Architektur ist eine Reminiszenz an Mussolini, der hier einen Teil der Altstadt abreißen ließ. Ein Treppensteig führt zur barocken Kirche **Santa Maria Maggiore ❷** und zur kleinen mittelalterlichen Backsteinkirche **San Silvestro** hinauf, seit Ende des 18. Jhs. Sitz der Waldenser-Gemeinde, die von einer Gruppe Schweizer Kaufleute gegründet wurde. Nahebei versteckt sich der *Arco di Riccardo* im Altstadtgewinkel, ein kleiner römischer Torbogen, der zur Stadtmauer des 1. Jhs. gehörte.

Auf der Kuppe des **Colle di San Giusto** steht als ältestes Denkmal der Stadtgeschichte die Ruine der römischen *Forumsbasilika*. Die * **Kathedrale San Giusto ❸**, die dem römischen Märtyrer Justus geweiht ist, ist ein hochinteressantes Konglomerat aus Bauelementen verschiedener Epochen. Römische Versatzstücke und eine byzantinische Madonna schmücken den *Campanile* (über einem antiken Torbau zum Forum errichtet), und römische Grabsteine rahmen das Portal der Westfassade mit dem schönen gotischen Radfenster. Der asymmetrische fünfschiffige Innenraum entstand im 14. Jh. durch die Verbindung der romanischen Basiliken Santa Maria Assunta und San Giusto zu einem Gebäude. Besonders beachtenswert: die * *Kapitelle* aus dem 11. Jh. und das * *Mosaik* mit dem byzantinischen Madonnenbild in der linken Seitenapsis (um 1200). Die *Via della Cattedrale* führt hinunter zum **Museo di Storia ed Arte ❹** mit dem romantischen * *Lapidarium (Orto lapidario)*, das Grabinschriften und Architekturfragmente aus den Gebieten um Triest, Aquileia und Istrien ausstellt (☉ tgl. außer Mo 9–13, Mi bis 19 Uhr).

Der Hügel wird von dem wuchtigen **Kastell ❺** gekrönt, im 14. Jh. von den Venezianern erbaut, bis 1770 Residenz der kaiserlichen Statthalter. Das *Waffenmuseum* (☉ tgl. außer Mo 9–13 Uhr) mag man sich schenken, nicht jedoch den Panoramablick über die Stadt (☉ tgl. 8 Uhr bis Sonnenuntergang).

Über den *Parco della Rimembranza*, in dem Täfelchen an die Gefallenen zweier Weltkriege mahnen, gelangt man hügelabwärts (links halten) zum * **Teatro Romano ❻**. Das mit seinem Sitzrund in den Hang gebettete antike Theater (um 100 n. Chr.) bot 6000 Zuschauern Platz und freien Blick auf das Meer. Das Terrain von hier bis zum Hafen wurde erst später aufgeschüttet.

*Borgo Teresiano

Maria Theresia selbst hatte den Plan für den * *Borgo Teresiano* abgesegnet, das neue Stadtviertel des Handels und der Schifffahrt, das als Schachbrettanlage über trockengelegten Salinen um die Achse des kurzen Canal Grande entstand. Wo heute nur noch Sportboote dümpeln, war damals die Anlegestelle für Lastensegler. Die Aufteilung der Kaufmannshäuser wurde streng reglementiert: unten der Läden, darüber die Wohnung und ganz oben die Kontore.

Der Canal Grande endete einst direkt vor der Kirche **Sant'Antonio Nuovo ❼**, einem kühlen klassizistischen Pantheon, das als Blickfang seine Stirnseite markiert (1825–1849).

Bei der Brücke öffnet sich die *Piazza del Ponterosso*. An den Marktständen und in den Läden werden Billigtextilien für die zu Einkaufstouren scharenweise einfallenden Nachbarn aus Ex-Jugoslawien feilgeboten.

San Spiridone

Der pompöse neo-byzantinische Kuppelbau zwischen Sant'Antonio Nuovo und Ponterosso mit glänzenden Mosaiken an der Fassade ist die Kirche **San Spiridone** (1869) der serbisch-orthodoxen Gemeinde (☉ tgl. außer Mo 9–12, 16–18.30, So 9–12 Uhr). Die Kirchen der verschiedensten Konfessionen sind bis heute ein lebendiger Rest der multiethnischen Vergangenheit Triests.

An der Ecke zum Hafen liegt der riesige **Palazzo Carciotti** ❽, 1798–1805 vom bedeutendsten Architekten des Triestiner Klassizismus, Matthäus Pertsch, für den griechischen Kaufmann Demetrio Carciotti errichtet.

Einen großen klassizistischen Dreiklang bildet das gesellschaftliche Zentrum des alten Triest an der * **Piazza della Borsa** ❾. Die *Borsa Vecchia* (1806–1809), halb dorischer Tempel, halb römisches Triumphtor, und das *Teatro Verdi* (1801), die Oper, werden durch die Galleria des *Tergesteo* (1804), eine überdachte Passage mit Läden und Café, miteinander verbunden. Hier war im 19. Jh. der Treffpunkt von „tout Triest". Die hohen Glas-Eisen-Gewölbe hat man 1957 leider abgehängt.

Klassizistisch ist auch die Zweiturmfassade von **San Niccolò dei Greci** (1782–1821), der Kirche der griechisch-orthodoxen Gemeinde, noch heute eine der größten religiösen Minderheiten Triests (☉ tgl. 9–12, 16–18 Uhr, Fr und So nachm. geschl.).

Tipp Für eine Ruhepause empfiehlt sich das elegante, stuckverzierte **Caffè Tommaseo** (seit 1830) an der Piazza Tommaseo, für den kleinen Hunger das volkstümliche **Buffet da Pepi** in der Via Cassa di Risparmio 3.

Città moderna

Die lebhafte Hauptachse der Stadterweiterung des 19. Jhs. ist die Via Carducci. An der **Piazza Goldoni** ❿ bildet der monumentale Treppenaufgang zum Kastell, die *Scalinata dei Giganti,* einen bühnenreifen Rahmen für den Eingang in den Tunnel, der durch den Colle San Giusto stadtauswärts führt. Ein Tipp für Nostalgiker: Im * **Museo Morpurgo** ⓫ (Via Imbriani 5, ☉ tgl. außer Mo 9–13, Mi bis 19 Uhr), dem Palast eines jüdischen Bankiers von 1875, ist die * *Wohninszenierung* der Belle Époque zu bestaunen, die vom Murano-Lüster bis zu den Draperien im Originalzustand erhalten ist.

Weltstadtformat: das Rathaus an der Piazza dell'Unità

Der Palazzo Carciotti war das Wohnhaus eines Kaufmanns

Ein Relikt der k. u. k. Zeit: Caffè San Marco

In die schnurgerade *Via Carducci* mündet die *Via Cesare Battisti* (schöne Geschäfte!), hier liegt das traditionsreiche **Caffè San Marco** (Mi geschl.) von 1914, ein Kaffeehaus mit morbidem k. u. k. Charme, wie man es nicht einmal mehr in Wien findet. Der parallel verlaufende **Viale XX Settembre** ist die Promenade des jungen Triest. Hier spürt man nichts von der Überalterung der Stadt, in der über die Hälfte der Einwohner älter als 65 Jahre sind! Unter dem Blätterdach der Platanen reihen sich in der Fußgängerstraße Cafés und Eisdielen – sehr gut ist die *Gelateria Zampolli*. Auf Nr. 35 sind an der Fassade Jugendstilheroinen zu bewundern.

Ein paar Schritte vom Caffè San Marco erinnert die **Synagoge ⑫** Triests (1908–1912), eines der größten jüdischen Gotteshäuser Europas, an die einstige Bedeutung der jüdischen Gemeinde, die nach der Proklamation des Freihafens enorm angewachsen war. Unter dem fortschrittlichen Kaiser Joseph II. wurde 1785 das Ghetto aufgehoben. Doch Deportation und Emigration im Zweiten Weltkrieg haben auch die jüdische Bevölkerung Triests stark dezimiert. Im Süden von Triest befand sich das einzige deutsche KZ in Italien (Risiera di San Sabba, Ratto Pileria, ⏱ Mo-Sa 9–13 Uhr).

Wer nach langem Pflastertreten Lust auf einen **Ausflug** hat, kann sich von der Piazza Oberdan mit der Standseilbahn auf 336 m Höhe nach *Villa Opicina* (5 km, 30 Min. Fahrzeit) bringen lassen. Von der Haltestelle am *Obelisken* in Poggio Reale (* Aussicht) gibt es Höhenwege, schön ist der Weg Nr. 1 bis zum Aussichtspunkt *Vedetta Alice*.

Buffets

Buffets heißen die typischen Triestiner Gästehäuser, in denen man preiswert Speisen in k. u. k. Tradition auf der Basis von Kesselfleisch, Kren und Kraut serviert.

Altstadtgassen und Kaufmannspaläste

Gleich hinter der Wasserfront liegt ein Labyrinth von düsteren Gassen. Nur ein paar Schritte sind es vom Rathaus zur Piazza Cavana und zum ältesten Stadtviertel Triests. Grauer Verfall herrscht in den Gassenschläuchen, in denen sich nicht einmal die Windstöße der Bora verfangen, die in der kalten Jahreszeit mit Geschwindigkeiten bis zu 150 km/h durch die Stadt fegen. Am Rand der Altstadt entlang führt die *Via Cavana* mit kleinen Läden, Kneipen und ein paar Antiquariaten. Sie endet an der **Piazza Hortis ⑬**, einem baumbestandenen Platz mit der *Biblioteca Civica* (Italo-Svevo-Archiv) und zwei gastronomischen Stationen.

 Das populäre **Buffet da Siora Rosa** bietet traditionelle Gerichte wie die *jota* (s. S. 20, Ⓢ), das **Ristorante ai Fiori** eine feine Fischküche (ⓈⓈ).

Eine Ecke weiter wird es herrschaftlich. In zwei einstigen Kaufmannspalästen lässt sich der Wohngeschmack neureicher Triestiner Familien im 19. Jh. bestaunen. Der ** **Palazzo Revoltella ⑭** (Via Diaz 27, ⏱ 10–19 Uhr, So nachm. u. Di geschl.), 1858 von dem Schinkel-Schüler Friedrich Hitzig erbaut, enthält heute eines der bedeutendsten italienischen Museen zeitgenössischer Kunst und Raumfluchten mit großbürgerlicher Möblierung aus der Mitte des 19. Jhs. Der einstige Besitzer, Barone Pasquale Revoltella, war ein erfolgreicher Unternehmer. Er stiftete u. a. das Geld für ein scherzhaft „Revolverschule" (ital. *rivoltella*) genanntes Sprachinstitut, an dem James Joyce unterrichtete und als Englischlehrer mit Italo Svevo zusammentraf.

Ein weiterer Kaufmannspalast mit großbürgerlichem Interieur ist das heutige **Museo Sartorio ⑮** (Largo Papa Giovanni XXIII, ⏱ tgl. außer Mo 9–13 Uhr), eine klassizistische Villa (1840) in einem ummauerten Garten.

Praktische Hinweise

☎ Vorwahl: 040

 APT, im Bahnhof. Im Internet: www.triestetourism.it. Ermäßigungen mit der Gästekarte „T for you".

🚢 Golfrundfahrten ab Riva del Mandracchio. Verbindungen nach Grado und Istrien.

 Grand Hotel Duchi d'Aosta, Piazza Unità d'Italia 2, ☎ 7600011, 🖷 366092. Erstes Haus am Platze. Ⓢ⟩⟩
Colombia, Via delle Geppa 18, ☎ 369191, 🖷 369644. Gutes, neueres Haus. Ⓢ⟩–Ⓢ⟩⟩
Italia, Via d. Geppa 15. Preiswert. Ⓢ
Al Teatro, Capo di Piazza 1, ☎ 366220, 🖷 366560. Gemütlich. Ⓢ
Riviera e Maximilian's, Grignano, ☎ 224551, 🖷 224300. An der Küste, Nähe Schloss Miramare. Ⓢ⟩

Jugendherberge: **Tergeste,** Grignano, Viale Miramare 331, ☎ 🖷 224102.

Fürstlich lebten die Handelsbarone: Palazzo Revoltella

Märchen ohne Happy-End

An der langen Uferpromenade der Riviera von Barcola führt die Straße an der Küste entlang in Richtung Norden nach Grignano, wo auf einer felsigen Landspitze das romantische Märchenschloss ****Castello di Miramare** thront. Mit diesem Gebäude verbindet sich die unglückliche Geschichte des Erzherzogs Maximilian, eines Bruders von Kaiser Franz Joseph, und seiner jungen, schönen Gemahlin Charlotte.

Blind für die Ränke eines abgekarteten Großmachtspiels ließ sich der ehrgeizige und wirklichkeitsfremde Maximilian 1864 zum Kaiser von Mexiko ausrufen, ohne die Verhältnisse des Landes zu kennen, und wurde dort drei Jahre später von Aufständischen erschossen. Schon 1856, als die Mexiko-Mission

noch in weiter Ferne lag, hatte er mit dem Bau eines würdigen Wohnsitzes für seine schwärmerischen Königsträume begonnen. Fertig gestellt wurde das Schloss erst 1870, vier Jahre nach seinem Tod. Charlotte, die nach der Erschießung Maximilians den Verstand verlor, bewohnte es nur kurz.

Bis heute sind die 21 Räume mit der gesamten Innenausstattung erhalten. So kann man hier den eklektischen Geschmack fürstlicher Wohnkultur des 19. Jhs. in ihrer operettenhaften Inszenierung studieren wie sonst nirgends. Wunderschön ist der auf Terrassen angelegte Park mit vielen exotischen Bäumen, die Maximilian teilweise selbst von seinen Reisen mitbrachte (🕙 tgl. 9–18, Sa bis 21.15 Uhr).

⚠ **Pian del Grisa,** Villa Opicina, an der SS202, ☎ 213142, 🖷 211610.

Re di Coppe, Via della Geppa 11 (Sa/So geschl.). Warme Küche von 7–20 Uhr. Populär. ⑤–⑤

Elefante Bianco, Riva III Novembre 3 (Sa, So geschl.). Elegantes Ambiente, klassische italienische Küche. ⑤

Birreria Forst, Via Galatti 11 (So geschl.). Gulasch mit Bier vom Fass. ⑤

Tipp Eine Institution ist die Pasticceria **La Bomboniera** in der Via XXX Ottobre, wo es die typisch triestinischen „dolci mitteleuropei" gibt: *strudel, krapfen* und *chiffeletti* (Kipferl); Sacher- und Dobostorten, *presnitz* und *putizza* (Teigrollen mit Zitronat, Sultaninen, Nüssen und Schokolade).

Ausflüge (Plan S. 79)

Am Tor zur Provinz von Triest liegt der Eingang in die Unterwelt. Das Mündungsgebiet des **Timavo** nördlich von Duino (27 km N Triest) ist ein mythischer Ort. Wo aus den Kalksteinriffen des Karst unvermutet der Fluss mit drei Armen zu Tage tritt, vermutete Vergil den Eingang ins Schattenreich, Dante eine der vier Pforten zur Hölle.

Die Spuren von römischen und frühchristlichen Bauten unter der Kirche *San Giovanni al Timavo* bezeugen die heilige Ehrfurcht, die man diesem merkwürdigen Ort immer entgegenbrachte. Aufgrund eines geologischen Phänomens verschwindet der Timavo nicht weit von seiner Quelle in Slowenien in unterirdischen Höhlen, aus denen er erst nach 35 km, 2 km vor der Mündung ins Meer, wieder auftaucht.

Zwischen den beiden Orten **Duino** und **Sistiana** kann man in herrlicher Aussichtslage über der Küste auf einem Dichterpfad wandeln, dem *Passeggiata di Rilke*. Er erhielt seinen Namen zu Ehren von Rainer Maria Rilke, der seine „Duineser Elegien" 1911/12 als Gast

auf dem *Schloss* von Duino verfasste (Panoramalage über dem Meer; Privatbesitz, Besichtigung nicht möglich).

Direkt über der Steilküste führt die herrliche ✻ **Panoramastraße** von Duino bis Grignano/Miramare. Weiter oberhalb kann man über die Karsthügel von Villa Opicina bis Visogliano über die „Strada del Terrano" kurven, eine Weinstraße, an der verschiedene einfache Buschenschenken, die *osmizze*, zur Einkehr einladen.

Bei **Sgonico** (14 km N Triest, Richtung Gabrovizza) gibt der *Orto Botanico Carsiano* Einblick in die Pflanzenwelt des Karst (◷ Mai–Sept. Di–Fr 10–12, Sa/So 10–13, 15–19 Uhr). Bei **Villa Opicina** (7 km N Triest) liegt die ✻ *Grotta Gigante,* eine gewaltige Tropfsteinhöhle von 107 m Höhe, 130 m Länge und 65 m Breite (◷ Apr.–Sept. 9–12, 14–19, Nov.–Feb. 10–12, 14.30–16.30 Uhr, nur mit Führung). Im Weinbauzentrum des Karstes kann man bei slowenischen Winzern den roten Terrano verkosten.

In **Monrupino** (11 km NO Triest) mit einer alten Wehrkirche laden die Trattorien **Carso da Bozo** und **Pod Jabron** mit guter Regionalküche ein. Hier wird auch der typische Tabor-Käse hergestellt.

Im Weiler **Rupingrande** gibt es ein kleines Bauernhofmuseum, die *Casa Carsica* (◷ nur So 11–12.30, 15–18 Uhr).

Im beliebten Ausflugslokal **Krizman** kann man auch übernachten. ⑤

Dass in **Muggia** (10 km S Triest) Venezianer herrschten, sieht man an der Piazza des Hafenstädtchens: eine Loggia am Rathaus mit dem Markuslöwen und eine marmorne Domfassade (15. Jh.) mit Dreipass-Umriss. Beliebt für Hochzeiten ist die Altstadtkirche ✻ *Santa Maria Assunta* (11./12. Jh.). Die Atmosphäre des Ortes ist trotz einiger hübscher Häuser und Bootshäfen nicht besonders anziehend.

Malerische Fassade in Rovereto

Route 1

Seite
57

Etschtal: Wein und Burgen

Mezzocorona – Cembra-Tal – ** Trient – * Castel Beseno – * Rovereto – * Castello d'Avio – Valpolicella – ** Verona – * Soave (ca. 250 km)

Wein- und Obstgärten ziehen sich durch das ganze Trentino an der Etsch (Adige) entlang und in die Seitentäler hinein. Mittelalterliche Burgen und die Spuren der großen Kriege bezeugen die strategische Rolle der alten Brennerroute in der Geschichte. Die Täler des Valpolicella und die Hügellandschaft bei Soave mit der mächtigen Scaligerburg sind die weltbekannten Weinregionen Veronas (Dauer: etwa ein Tag).

Von Mezzocorona bis Rovereto

Mezzocorona ist für alle, die von Norden kommen, der erste Ort des Trentino. Auf dem Kiesboden des *Campo Rotaliano,* des Schwemmlands zwischen San Michele, Mezzocorona und Mezzolombardo am Zusammenfluss von Etsch und Noce, wächst der *Teroldego,* eine alte Rebsorte, aus der ein trockener, rubinfarbener Roter gekeltert wird.

Von **Lavis** (8 km N Trient), einem Weinbauzentrum an der alten Brennerstraße (SS12), sollte man einen Abstecher ins östlich gelegene *Cembra*-Tal machen. Hier wird seit Menschengedenken Wein auf steilen Terrassen angebaut, die aus dem Porphyrgestein herausgehauen wurden. An den Nordhängen des Tals reihen sich die Porphyrsteinbrüche. Die Höfe und Dörfer haben leider nicht das Lokalkolorit des benachbarten Südtirol, Denkmalpflege wird hier noch klein geschrieben. Der Hauptort **Cembra** (667 m, 1650 Einw.) besitzt einen kleinen historischen Kern und eine gotische * *Pfarrkirche* mit schönen Fresken. Zurück in Lavis sind es nur noch 15 km bis ** **Trient** (s. S. 24).

Durch das *Val Lagarina,* das untere Etschtal von Trient bis zum Austritt des Flusses aus dem Gebirge in die Ebene, geht die Fahrt weiter auf der verkehrsreichen SS12 nach Besenello. Von dort aus führt eine enge Straße zum * **Castel Beseno** hinauf, der größten Burganlage des Trentino (☾ April–Okt. tgl. außer Mo 9–12, 14–17.30 Uhr; Parkplatz unter der Burg, Fußweg 20 Min.; Zubringerbus am Wochenende). Das Kastell war von 1470 bis 1973 im Besitz der Trapp-Familie. Der älteste Kern ist der Palazzo Marcabruno (*Freskenzyklus* aus Monatsbildern, 15. Jh.).

* Rovereto

(204 m, 33 000 Einw.). Das Zentrum des Val Lagarina war immer eine Stadt des Handels und der Industrie. Umso mehr überrascht der idyllische Altstadtkern, an dem der Touristenstrom vorüberrauscht. Im 16. Jh. entstanden mit den Seidenspinnereien die ersten großen Manufakturen, von denen das ganze Tal lebte.

Unter den Habsburgern erlebte es im 18. Jh. seine Blütezeit und entwickelte sich auch zum „Athen des Trentino", das den Philosophen Antonio Rosmini (1797–1855), Wissenschaftler und Musiker hervorbrachte, worauf man noch heute stolz ist, ebenso wie auf den Besuch des jungen Mozart, der im Jahre 1769 in Rovereto sein erstes Konzert auf italienischem Boden gab.

Der baumbestandene *Corso Rosmini* verbindet den Bahnhof mit der Altstadt. Hier steht der **Palazzo Rosmini,** das Geburtshaus des Philosophen, das Museum **Archivio del 900** (Nr. 58) mit einigen Bildern futuristischer Maler (Boccioni, Depero, Marinetti) und das renommierte **Ristorante Novecento** im Hotel Rovereto (Nr. 82, ⑤). Am Kopfende erweitert sich der Corso zur Piazza (Café). Dort biegt man rechts zur malerischen *Piazza Battisti* ab (barokker Neptunsbrunnen), in die die Straßen der Altstadt münden.

Die *Via Rialto* führt zum Turm von **San Marco** (1483) und zur gleichnamigen barockisierten Kirche und setzt sich fort in der *Via della Terra*, die den Gemeindebezirk *(terra)* vom Burgbezirk trennt. Am Ende der Straße (Nr. 53) ist ein sehenswertes kleines *Museum in seinem ehemaligen Wohnhaus dem futuristischen Künstler *Fortunato Depero* (1892–1960) gewidmet (☉ tgl. außer Mo 10–12.30, 14.30–19 Uhr).

Von hier geht es zu der gewaltigen Anlage des **Castello** hinauf, um 1300 errichtet, von den Venezianern durch Bastionen erweitert, im 19. Jh. von den Österreichern in eine Kaserne umgewandelt. Heute befindet sich darin das *Museo della Guerra* (Dokumentation der beiden Weltkriege, ☉ April bis Nov. 8.30–12.30, 14–18 Uhr).

Unterhalb der Burg liegt das **Rathaus** in einem Palast des 15./16. Jhs. Dahinter fließt das Flüsschen Lena, an dem sich jenseits der Brücke ehemalige *Seidenspinnereien* reihen, die einst von Wassermühlen betrieben wurden.

Vom Rathaus gelangt man über die malerische *Via Portici* mit einigen Kunsthandwerksbetrieben und der ältesten Spinnerei von 1580 (Ecke Piazza Malfatti) zurück zur Piazza Battisti.

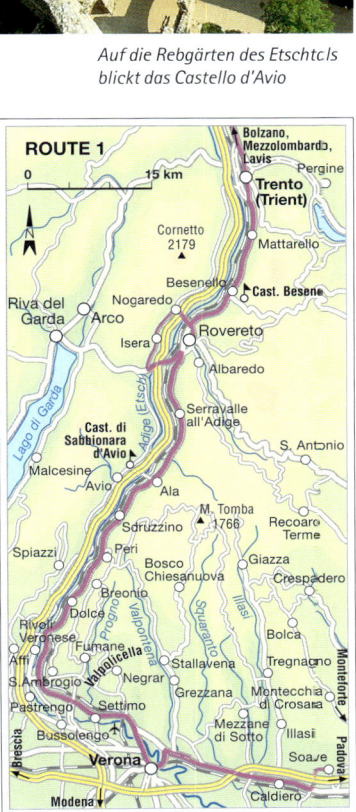
Auf die Rebgärten des Etschtals blickt das Castello d'Avio

 APT, Via Dante 63, ☎ 0464/430363, 🖷 435528.

 Rovereto, Corso Rosmini 82, ☎ 0464/435222, 🖷 439644. Ruhiger Garten und gutes Restaurant. Ⓢ

 Alla Lanterna, Piazza Malfatti 12 (Mi, Do geschl.). Saisongerichte in gemütlichem Ambiente. Ⓢ
Mozart 1769, Via Portici 36 (Di geschl.). Rosa-weißer Rokokosalon. Ⓢ

Veranstaltungen: **Internationales Mozartfestival** im September.

1

Seite
57

Vallagarina – Valpolicella – Soave

Jenseits der Etsch gedeiht auf Basaltböden die berühmteste Rebe des Trentino, der *Marzemino,* der schon in Mozarts „Don Giovanni" gepriesen wird.

Hoch über Nogaredo liegt *Castel Noarna, Mittelpunkt eines Weinguts, das schöne *Deckenmalereien* der Michelangelo-Schule besitzt. Hier finden im Sommer *Schlosskonzerte* statt.

Über Nogaredo fährt man durch Rebengärten weiter zu dem hübschen Weinort **Isera** (Postkarten-Museum), der Heimat des Marzemino, den man z. B. in der *Cantina d'Isera* oder im führenden Weingut *Tarczal* im Ortsteil Marano verkosten kann, und zurück zur Autobahn Rovereto Sud.

Hexen

In der Burg Noarna wurden sie gefoltert, enthauptet und verbrannt. Von den berüchtigten Hexenprozessen von **Nogaredo** im 17. und 18. Jh. raunt man noch heute. So heißt auch die einladende Osteria am Hauptplatz »Le Strie« (die Hexen).

Malerisch liegt das *Castello di Sabbionara d'Avio, mitunter die schönste Burgruine des Trentino, über dem Etschtal (Ausfahrt Avio). Die Burg gehört seit dem 12. Jh. den Grafen von Castelbarco, die einst die größten Feudalherren im Vallagarina waren und die Burg nach dem Vorbild der Scaligerburgen des 14. Jhs. zu einer Wohnresidenz umbauen ließen. Besonders eindrucksvoll sind die gut erhaltenen *Fresken* aus dem 14. Jh.: Ritterkämpfe in der sog. Casa delle Guardie und Fragmente von ritterlichen Liebespaaren im Bergfried des 12. Jhs. Unter Weinlaub kann man in der kleinen Burgschenke die Stille hoch über dem Tal genießen (tgl. außer Mo 10–13, 14–18 Uhr).

Nach der Klause von Rivoli tritt die Etsch aus dem Gebirge in die Ebene. **Rivoli Veronese** unweit der Autobahn (Ausfahrt Affi) ist ein wenig ansehnliches Dorf, das im Januar 1797 als Schauplatz des napoleonischen Siegs in der Entscheidungsschlacht gegen Österreich in die Geschichte einging und namengebend für die berühmte Pariser Rue de Rivoli wurde.

In Richtung Verona stapeln sich an der Landstraße die *Marmi,* Marmor- und Granitblöcke, die in der Gegend gebrochen werden. An den Ausläufern der Lessinischen Berge liegt **Sant'Ambrogio di Valpolicella.** Von dort kommen zwei berühmte Rote: der *Rosso di Verona* und der starke, süße *Recioto*-Wein – aber auch der Marmor, der die Paläste und Kirchen bis nach Venedig ziert.

Hier beginnt das berühmte Weinbaugebiet **Valpolicella,** dessen Zentren in den Tälern um *Fumane, Negrar* und *Marano* liegen. Seine Erkundung erfordert allerdings etwas Geduld, da man hier auf Tourismus nicht eingerichtet ist.

Trotzdem sollte man einen Abstecher von Sant'Ambrogio hinauf nach **San Giorgio di Valpolicella** mit Blick bis zum Gardasee und eindrucksvoller romanischer *Pfarrkirche* machen. Eine gute Einkehrmöglichkeit bietet das *Ristorante dalla Rosa Alda.* Ⓢ

 Im tiefer gelegenen **Gargagnago** mit dem bekannten Weingut Masi steht in einem großen ummauerten Park die imposante *Villa Serego Alighieri* der gleichnamigen Grafen, die ihren Stammbaum von Dante ableiten. In der *Foresteria* kann man auch herrschaftlich logieren (☎ 045/7703622, 📠 7703523). Die Weine des Gutes gehören zu den besten des Valpolicella (Weinverkauf von 10 bis 18 Uhr, am Eingangstor klingeln!).

Wieder auf der Hauptstraße in Richtung Verona, wo die einstige Villenlandschaft von der ausufernden Stadtperipherie verschluckt wurde, gibt es in **Ospedaletto** zwei Inseln im Getriebe.

Eine feudale ist die *Villa Quaranta* aus dem 17. Jh. mit großem Garten all'italiana (🕐 tgl. 8–18 Uhr), in deren Nebengebäuden ein komfortables *Hotel* mit Pool, Tennis und Restaurant eingerichtet wurde (☎ 045/6306). Eine preiswerte Alternative ist das hübsche Restaurant *La Coà* mit schmackhafter Regionalküche (Via Brennero 70; So, Mo geschl.).

Soave

Etwa 20 km östlich von Verona liegt ein weiteres weltberühmtes Weinbaugebiet. Sein Zentrum ist das Städtchen **Soave** (40 m, 5900 Einw.) unterhalb des gewaltigen ★ *Castello* mit den Schwalbenschwanz-Zinnen der Scaliger, sichtbar schon von der Autobahn (Ausfahrt Soave). Cansignore della Scala ließ die Burg und die riesige Mauer mit 24 Türmen errichten, die noch heute Burg und Stadt umschließt (Castello mit Interieurs von 1892, 🕐 tgl. außer Mo 9–12, 15–18.30 Uhr).

Tipp In der Via Roma, der Hauptstraße der Altstadt, kann man sich bei der *Enoteca del Soave* und bei der Weinkellerei *Coffele* mit Soave-Wein eindecken. Besonders gute Weine führt *Bisson* (Via Bisson). Am Ende der Via Roma winkt die *Enoteca Il Drago* unter einer gotischen Loggia.

 Lo Scudo, Via S. Matteo 46 (So, Mo geschl.). Gute Fischküche. Hier stimmen Preis, Leistung, Ambiente. Ⓢ

Für die **Soaveregion** gilt dasselbe wie für das Valpolicella: Zur Einkehr verführt in den Dörfern wenig. Trotzdem sollte man eine kleine Rundfahrt in das landschaftlich schöne Hügelgebiet unternehmen. Routenvorschlag: Soave – Illasi – Tregnago – Sant'Andrea – Bolca (berühmte Fossilienfunde) – Montecchia di Crosara (kaltgepresstes Öl beim *Frantoio dalla Fina* und *Ristorante Alpone* in Costalunga – Monteforte d'Alpone (*Enoteca del Soave*, Piazza Salvo d'Acquisto; Ⓢ).

Die Scaliger errichteten die Burgmauern von Soave

Soave – Bestseller der Region

Der Soave, früher der einfache Hauswein Veronas, setzte sich in den 70er-Jahren an die Spitze einer neuen Generation der leichten, frisch-fruchtigen Weißweine. Der *Soave Bolla* wurde ein internationaler Renner. Zwar hat die Massenproduktion zu einer Verflachung des Geschmacks geführt, doch einige Winzer setzen inzwischen wieder erfolgreich auf Qualität, gestützt auf die Eigenart der einheimischen Rebsorten *Garganega* und *Trebbiano* (z. B. Anselmi, Pieropan oder Bolla). Der beste Wein, der *Soave Classico,* wächst auf den Hügeln im nördlichen Umkreis von Soave und Monteforte d'Alpone und ist von strohgelber Farbe, leicht duftig und zart fruchtig. Der Soave passt vorzüglich zu leichten Antipasti, Gemüsen und Fisch.

Route 2

Die Perlen des Veneto

** Vicenza – * Lugo di Vicenza –
* Marostica – ** Bassano del Grappa
– Cittadella – * Castelfranco –
** Asolo – ** Palladio-Villen
(ca. 160 km)

Die Fahrt führt von Vicenza ins
Hügelland am Fuß der Berge: zur
malerischen Grappa- und Spargelstadt
Bassano del Grappa, in das romantisch
in Zypressenhügel gebettete Asolo, zu
den berühmtesten Palladio-Villen in
Maser und Fanzolo und den mittelal-
terlichen Mauerstädtchen Marostica,
Cittadella und Castelfranco. Auch für
Gaumenfreuden ist reichlich gesorgt.
(Dauer: etwa zwei Tage)

Von ** Vicenza nach
* Marostica

Die SS248 verläuft von Vicenza
(s. S. 36) nach Norden in Richtung Marostica. Vor Sondrigo biegt man links
ab nach **Breganze.** Der Ort am Fuß des
Hochplateaus von Asiago ist das Zentrum des gleichnamigen Weinbauge-
biets, das sich bis Marostica und Bassano del Grappa erstreckt.

Zwei Villen auf sanfter Anhöhe lohnen
die Fahrt nach * **Lugo di Vicenza.** Die
* Villa Godi-Malinverni ist die älteste
Villa Palladios (s. S. 37), ab 1537 geplant, noch ohne antike Zitate.
Maßvolle Schlichtheit und Harmonie
der Proportionen zeigen aber bereits
die typische Handschrift des Meisters.
Der * Freskenzyklus mit mythologischen Szenen (1552–1557 von G. B.
Zelotti u. a.) ist die älteste von vielen
ähnlichen Villendekorationen des
16. Jhs. Zu sehen ist auch eine Sammlung italienischer Malerei des 19. Jhs.
und ein Museum fossiler Funde (1852

gegr., ◷ März–Ende Sept. Di, Sa, So
15–19 Uhr). Die *Villa Piovene Porto
Godi* auf dem Nachbarhügel ist vermutlich ebenfalls ein Jugendwerk Palladios, wurde aber im 18. Jh. durch einen feierlichen Säulenportikus und die
große Freitreppe bereichert. Schön ist
der romantische * Park des 19. Jhs. mit
natürlichen Grotten (◷ Park tgl. 14 bis
19 Uhr).

Die schöne Lionora

Auf dem weiten Geviert der Piazza
vor dem *Castello Inferiore* in Marostica findet alle zwei Jahre im September die große *Schachpartie* mit
lebenden Figuren in historischen
Kostümen statt. Sie erinnert an die
Sage von der schönen Lionora,
um die sich zwei junge Herren duel-
lieren wollten. Der weise Vater der
Umworbenen überzeugte die beiden
jedoch, ihren Wettbewerb auf
unblutige Weise am Schachbrett
auszutragen. Dem Sieger wurde Lionora zugesprochen, dem Verlierer
ihre Schwester.

Das Restaurant am Platze heißt
natürlich *Scacchiera* (Schachbrett;
So u. Mo geschl., Ⓢ). Wer sich die
Einkehr verdienen möchte, kann auf
dem malerischen Fußweg zum *Castello Superiore* hinaufsteigen (Restaurant Di geschl.; * Panoramablick).

Der alte Stadtkern von **Marostica**
(103 m, 12 000 Einw.) am Fuß eines
burgbekrönten Hügels liegt zwischen
den Wehrmauern des 14. Jhs., die sich
bis zum *Castello Superiore* in die Höhe
hinaufziehen.

** Bassano del Grappa

Bassano (129 m; 40 000 Einw.) ist die
größte unter den kleinen Städten der
Provinz Vicenza. Wunderschön ist das
Flusspanorama an der Brenta mit der

berühmten Holzbrücke, dem Wahrzeichen von Bassano. Von Palladio geplant, wurde der *Ponte Vecchio* nach mehrfacher Zerstörung durch Hochwasser und Krieg immer wieder aufgebaut, zuletzt 1948, als er von deutschen Truppen beim Rückzug gesprengt wurde. Zusammen mit dem Monte Grappa (s. S. 62) ist die Brücke ein patriotisches Wallfahrtsziel, zu Ehren des italienischen Alpenkorps, das Bassano am Monte Grappa verteidigte, auch *Ponte degli Alpini* benannt.

Tipp Feinste Brände erhält man im urigen Ausschank der **Grapperia Nardini** (seit 1779) an der Holzbrücke und in der benachbarten **Distelleria Poli** mit ihrem kleinen Grappa-Museum.

Weitere Spezialitäten sind Spargel *(Asparago),* der im Frühling auf Märkten und Speisenkarten lockt, und kunsthandwerkliche Keramik. Einen guten Überblick erhält man im Laden *Maioliche Ceramiche Parise* (Salita B. Ferracina 4, bei der Brücke). Benachbart ist

2

Seite
61

Burgen beherrschen viele Orte: Castello Inferiore in Marostica

ROUTE 2

0   10 km

Trento
Monte Grappa ▲ 1775
Pederobba
Possagno
Carrari
C. Fonti ▲ 1519
Fontanelle
Ezzelino da Romano
Villa Barbaro
Maser
Asolo
Caeranc di S. Marco
Caltrano
Lugo di Vicenza
Marostica
Bassano del Grappa
Fonte
Monte belluna
Thiene
Mason V.
Nove
Riese Pio X
Villa Emo
Breganze
Mirabella
Schiavon
Longa
Ramon
Vaila
Fanzolo
Rossano Veneto
Cavasagra
Sandrigo
Cittadella
Castelfranco
Isola Vicentina
Caldogno
Resana
Dese
Motta
Bertesina
S. Giorgio in Bosco
Vicenza
Padova
Camisano Vicentino
Piazzola sul Brenta
S. Giorgio delle Pertiche
Treviso

der über dem Fluss gelegene * *Palazzo Sturm* mit dem interessanten *Keramikmuseum* in historischen Räumen (☉ tgl. außer Mo 9–12.30, 15.30–18.30, So 15.30–18.30 Uhr).

Zwischen Brücke und zentraler * *Piazza della Libertà* findet man in den Altstadtstraßen malerische Fassaden und verlockende Schaufenster. Delikatessen kann man u. a. in der *Casa del Porcino* (Via Menarola 21) erwerben. Die Piazza schmückt die Kirche *San Giovanni Battista* (18. Jh., in palladianischer Tradition) und die * *Loggia del Comune,* Ecke Via Matteotti, ein grazilier Bau des 15. Jhs. mit einer Uhr aus dem 16. Jh. und den Wappen der venezianischen Statthalter *(Podestà).*

An der benachbarten Piazza Garibaldi steht die schlichte, romanisch-gotische Franziskanerkirche *San Francesco* (1287 bis 1331). Im ehemaligen Kloster zeigt die * *Pinakothek* des *Museo Civico* u. a. 17 Werke von Mitgliedern der Künstlerfamilie dal Ponte aus Bassano, die eine eigenwillige manieristische Variante der venezianischen Malerei repräsentieren. Hauptmeister ist Jacopo dal Ponte, genannt Bassano.

Die Via Matteotti (Ensemble des 15. Jhs.) führt von der Piazza della Libertà hinauf zu den Resten des *Castello Superiore* und zum *Dom* mit zwei Altartafeln von Leandro Bassano. Die Via Bonamigo verbindet die Piazza mit dem Viale dei Martiri, einer Straße am einstigen Rand der Stadtmauer. Der Name erinnert an die 31 Partisanen, die hier 1944 von Hitlertruppen gehenkt wurden.

APT, Largo Corona d'Italia 35, ☎ 0424/524351, 🖷 525301.

Al Castello, Via Bonamigo 19, ☎ 🖷 0424/228665. Ia-Lage. Unbedingt reservieren! Ⓢ

Alla Riviera, Via S. Giorgio (Mo abends, Di geschl.). Traditionslokal am Fluss. Ⓢ

Sonntags nie!

Bassano, Marostica und Asolo werden am Wochenende von Ausflüglern regelrecht gestürmt. Für einen Besuch besser Wochentage wählen!

* Monte Grappa

1775 m hoch erhebt sich der Monte Grappa im Rücken der Stadt, zu dem man auf landschaftlich schöner Straße in die majestätische Gipfelregion hinauffahren kann (30 km). In Ezzelino da Romano beginnt die Strada Cadorna, die im Ersten Weltkrieg als Nachschubstraße auf den Monte Grappa aus dem Fels geschlagen wurde. An die Verteidigung des Bergs als letztes Bollwerk vor der Ebene erinnert auf dem Gipfel der Santuario di Monte Grappa, das Mahnmal für die Soldaten, die hier 1917/18 an der Alpenfront starben: 12 615 Italiener und 10 590 Österreicher.

Mauerstädte: Cittadella und * Castelfranco

Cittadella (18 000 Einw.) mit einem vollständig erhaltenen elliptischen * *Mauerring* (13. Jh.) von 1461 m Länge, mit 28 Türmen, vier Toren, Wehrgang und Wassergraben, ist ein einzigartiges Relikt mittelalterlichen Festungsbaus. Die *Torre di Malta* an der Porta Padova im Süden ließ 1251 der schreckliche Ezzelino da Romano als Kerker errichten, in dem als politische Gefangene eine Reihe von Paduaner Adeligen zu Tode gefoltert wurden.

Einkehren kann man auf der Piazza im Ristorante **La Speranza** (Di geschl., Ⓢ) oder in der **Gelateria al Duomo.**

* **Castelfranco** (29 500 Einw.) im Mauerquadrat von 1195 ist ein schmuckes Städtchen. Die weiten, von Arkadenhäusern gerahmten Flächen vor dem Stadtgraben dienten seit alters her als

Markt für die Agrarprodukte der Region. Die Loggia Paveion an der Piazza Giorgione war früher der Stapelplatz für die Kornhändler. Das beste Eis gibt es im *Caffè Centrale.*

Auf einer Felsinsel im Wassergraben steht das Denkmal für den weltberühmten Sohn der Stadt, *Giorgione* (um 1478–1510), den Begründer der venezianischen Hochrenaissance-Malerei. Er ersetzte die harten Umrisse und die bunte Farbigkeit der Frührenaissance durch eine weiche Tonmalerei, in der Mensch und Natur sich in arkadischer Harmonie verbinden.

Eines der wenigen gesicherten Werke des Künstlers bewahrt der klassizistische *Dom (18. Jh.): die *Pala di Castelfranco,* eine thronende Madonna mit den Heiligen Franziskus und Liberale. Neben dem Dom steht das Geburtshaus des Meisters (*Casa di Giorgione,* ◷ Di–So 9–12, 15–18 Uhr).

 Ein angenehmes Hotel liegt direkt an der Stadtmauer: **La Torre,** ☏ 0423/498707, ☏ 498737. Ⓢ

** Asolo

Die Hügel von Asolo (190 m, 6650 Einw.) mit ihrem mediterranen Klima, wo aus üppigem Grün dunkle Zypressen ragen, wurden im 19. Jh. von englischen Romantikern wie dem Dichter Robert Browning entdeckt. Eleonora Duse, die große Theater-Heroine, lebte hier und ist auf dem Friedhof von Sant'Anna begraben. Der anmutige Ort war schon in der Renaissance eine Berühmtheit, denn hier unterhielt die Venezianerin Catarina Cornaro (1454–1510), Ex-Königin von Zypern, einen humanistischen Musenhof. Ihre Residenz im *Castello della Regina* ist nicht mehr erhalten. Sonst hat Asolo mit seinen verschlungenen Wegen am Hang den alten Charme bewahrt.

An der zentralen Via Browning mit ihren schattigen Arkadengängen gibt es schöne Geschäfte, eine einladende

Reste von Fresken entdeckt man an vielen alten Häusern

Palladios Villa Emo ist noch heute Zentrum eines Landguts

2

Seite **61**

Trester für Kenner

„Die" (nicht „der") Grappa (*grappe* sind die Stiele des *grappolo,* der Traube) wird aus flüssigem Trester und Gärrückständen gewonnen. Früher ein Alltagsschnaps, der in den Privathäusern gebrannt wurde, ist sie heute zu einem Produkt für anspruchsvolle Liebhaber arriviert. Grappe aus edlen Trauben und in edlen Fläschchen erzielen Spitzenpreise und sind auch als Sammelobjekte begehrt. Die berühmtesten Hersteller sind Nonino im Friaul, der eine besonders exquisite Palette anbietet, und Nardini in Bassano mit der längsten Tradition.

Enoteca und den Delikatessenladen *Sgarbossa*. Legendär ist die *Tessoria Asolana* (seit 1848, Via Marconi 134), wo (nur auf Bestellung) kostbare Seiden auf Handwebstühlen in alter Tradition und Farbmischung hergestellt werden. In der *Scuola Asolana di Antico Ricamo* (Via Sottocastello 5a) wird Wäsche wie anno dazumal bestickt.

 Wer es sich leisten kann, residiert exklusiv in der **Villa Cipriani,** ☎ 0423/952166, 🖷 925095. Ⓢ⟩⟩

 Ca' Derton, Piazza d'Annunzio (Mo geschl.). Reell und gut, mitten im exklusiven Asolo. Ⓢ
Locanda Ai Due Mori (Mi geschl.) ☎ 0423–952256. Panoramablick von Speiseterrasse und Gästezimmer. Ⓢ⟩

 Antiquitätenmarkt auf der Piazza Maggiore jeden 2. So im Monat.

Liebhaber des klassizistischen Bildhauers *Antonio Canova* sollten seinen Heimatort **Possagno** (9 km NW) besuchen. Zu besichtigen sind das * *Geburtshaus* und die * *Gipsoteca* mit einem Saal mit Gipsmodellen in Originalgröße (durch Orientierungspunkte markiert, nach denen die Mitarbeiter Canovas die Marmorunikate ausführten). Über dem Ort thront das riesige *Pantheon* (Pfarrkirche), das sich der Künstler als Mausoleum ab 1819 errichten ließ.

** Palladio–Villen

Von den 19 Villen, die Andrea Palladio gebaut hat, ist die **Villa Barbaro** in Maser (7,5 km O Asolo) sicherlich die schönste (um 1558), auch wegen der prächtigen Innendekoration durch den großen Renaissancemaler Paolo Veronese, den Meister venezianischer Festgepränges. Auftraggeber waren die Brüder Daniele und Marcantonio Barbaro, zwei gebildete venezianische Aristokraten. Bauherren und Baumeister huldigten denselben, an der Antike

orientierten Idealen. Anmutig öffnet sich die Villa am Hügelfuß mit breiter Front auf die Ebene, ein vornehmer Giebelbau mit ionischen Frontsäulen, gerahmt von den Seitenflügeln der *barchesse* (s. S. 17). Die stilvolle Kulisse für heitere Feste bilden Veroneses ** *Fresken* mit allerlei illusionistischen Effekten und einer gemalten Säulenarchitektur in perfekter Harmonie mit Palladios Baukunst (☉ März–Okt. Di, Sa, So, Fei 15–18 Uhr, Nov.–Febr. Sa, So, Fei 14.30–17 Uhr; Ostern geschl.).

Über die SS307 und eine Nebenstrecke (ab Caselle) gelangt man Richtung Süden nach Fanzolo (17 km) zur **Villa Emo,** einer weiteren Palladio-Villa (um 1564), immer noch im Besitz der Familie des Bauherrn, der Grafen Emo.

Die Emos widmeten sich im 16. Jh. intensiv der Landwirtschaft und führten den Maisanbau im Veneto ein, Basis für die künftige Volksspeise der Region: die Polenta. An diese Pioniertat erinnern die Maisbündel auf den Festons der *Fresken* (1565 vom Veronese-Mitarbeiter G. B. Zelotti), auf denen die Familie in mythologischen Kostümen gefeiert wird. Der rampenartige Aufgang zum Hauptportal hatte auch einen praktischen Zweck: Er diente als Dreschplatz (☉ April–Sept. Di, Sa, So 15–19 Uhr, Ostern geschl.).

Bei **Cavasagra** (Gemeinde Vedelago, etwa 6 km S) liegen 1000 ha sumpfiges Schilfgebiet, wo aus Karstquellen *(risorgive)* der Sile entspringt, einst die wichtigste Verbindung Trevisos zur Adria (noch heute schiffbar), der viel von seiner ursprünglichen Flusslandschaft bewahrt hat und bei Kajakfahrern beliebt ist.

 Auf köstlich frischen Flussaal *(bisato)* aus dem Sile ist man in der **Locanda Righetto** in Quinto di Treviso spezialisiert.

Eine der Villen Palladios:
„La Malcontenta" am Brentaka-
nal zwischen Venedig und Padua

Route 3

Kuren und Kultur

****Padua – Abano Terme – Teolo –
*Arqua Petrarca – *Monselice –
*Este – Montangnana – Polesine
(ca. 180 km)**

Die Rundfahrt erschließt die eugane-
ischen Hügel, von den bekannten
Thermalbädern Abano und Montegrotto am Nordrand über grüne Idyl-
len mit Wein, Wald und Villen bis zu
den alten Burgstädtchen im Süden.

Ein Abstecher führt ins Polesine, die
Tiefebene zwischen Etsch und Po, bis
nach Adria, das dem Meer seinen
Namen gegeben hat. (Dauer: ein Tag)

In den Colli Euganei

Südwestlich von ****Padua** (s. S. 42) ragen unvermittelt die Kegelformationen
der **Colli Euganei** bis zu 600 m aus der
Ebene. Im Mikroklima der Hügel gedei-
hen auch mittelmeerische Pflanzen wie
Olivenbäume und Feigenkakteen. Seit
jeher werden an den Hängen Wein und
Obst angebaut. Eine Spezialität der
Euganei ist der *Moscato*, ein delikater
weißer Spumante. Eine markierte
„Strada dei Vini" führt zu den Erzeu-
gern.

Zentrum des Kurortes **Abano Terme**
(11 km SW Padua, 14 m, 17 735 Einw.)
ist der grüne *Viale delle Terme* mit den
alten Nobelhotels Orologio (1825) und
Trieste e Victoria. Eine majestätische
Säulenfront markiert den Eingang zur
ältesten Heilquelle *Montirone*.

 APT, Via Pietro d'Abano 18,
☎ 049/8669055,
🖷 8669053.

Die große Benediktinerabtei ***Abbazia
di Praglia,** im 11. Jh. gegründet, stellt
sich heute als einheitliche Renaissance-

anlage um vier große Kreuzgänge dar.
Die Kirche (1490–1560) wurde von
Tullio Lombardo erbaut, wichtigster
Vertreter der Architektenfamilie, deren
Bauten die erste Phase der Renaissance
im Veneto prägen (🕐 Führungen halb-
stdl. tgl. außer Mo, Fei 15.30–17.30, im
Winter 14.30–16.30 Uhr). Das Kloster
ist heute ein internationales Zentrum
der Buchrestaurierung. Honig, Heil-
kräuter aus eigenem Anbau werden
u. a. verkauft.

Vorbei an Weingärten und Villen fährt
man hinein in die Hügel nach **Luviglia-
na** (6 km SW Abano), wo Falconettos
Villa dei Vescovi (16. Jh.) beherrschend
am Hang liegt (🕐 tgl. außer Mo 15.30
bis 17.30 Uhr).

Über *Torreglia Vecchia* liegt der **Monte
Rua** (10 km SW Abano, 403 m) mit einem Einsiedlerkloster *(Eremo)* der Ca-
maldulenser *(*Panorama).*

 Einen idyllischen Gastgarten
besitzt das etwas unterhalb
gelegene Restaurant **Rifugio
Monte Rua** (Di geschl., Ⓢ).

Teolo (15 km W von Abano), aus dem
der römische Geschichtsschreiber Titus
Livius stammen soll, ist ein Kurzentrum in hübscher Lage und Ausgangs-
ort für schöne Spaziergänge. Im *Palazzo dei Vicari,* wo die venezianischen
Statthalter residierten, gibt es ein Museum mit Malerei des 19. und 20. Jhs.
(🕐 tgl. außer Sa 15–19 Uhr).

 Ein angenehmer Ort zum
Übernachten ist die **Villa Lu-
ssana** (☎ 🖷 049/9925530)
mit gutem Restaurant und eigenem
Wein. Ⓢ)

Nahe bei **Lozzo Atestino** befindet sich das gut erhaltene *Castello di Valbona* (Restaurant, Ⓢ). Viel von seiner mittelalterlichen Atmosphäre hat sich der bukolische Ort *****Arqua Petrarca** (80 m, 1950 Einw.) bewahrt, in dem der Dichter Francesco Petrarca (1304 bis 1374) in Zurückgezogenheit seine letzten Lebensjahre verbrachte (* *Casa del Petrarca,* 🕑 tgl. außer Mo 9.30–12.30, 15–19 Uhr). Vor der Pfarrkirche erhebt sich auf vier Pfeilern die *Tomba del Petrarca,* der Sarkophag des Dichters (14. Jh.). Feinschmecker können sich in Arqua Petrarca mit Leckereien eindecken, einem seltenen roten Moscato in der *Enoteca da Loris* (Via Valeselle), feinstem kaltgepresstem Olivenöl beim *Frantoio Cardin* (Piazza Petrarca) oder Honig aus lokaler Produktion.

Nostalgisches Relikt im Kurzentrum Abano: Villa Adele

Gut und nicht zu teuer isst man im **La Pergola** (Via Roma 1, Di geschl., Ⓢ).

Im Norden von Arqua beginnt ein *Naturpfad* um die Hügel (rot-weiße Markierungen). Ebenfalls nördlich liegt **Valsanzibio** (7 km) mit der *Villa Barbarigo,* die einen berühmten * *Garten* aus dem 17. Jh. besitzt (🕑 Garten 9–12, 14–19 Uhr). Er entwickelte sich um zwei majestätische perspektivische

Hier wohnte der Dichter Petrarca vor 600 Jahren

Thermen mit Tradition

Die heißen Quellen der Euganei, deren Heilkraft schon die alten Veneter entdeckten, entstehen durch ein geothermisches Phänomen: In den Voralpen dringt Regenwasser bis in 3000 m Tiefe und tritt 25 Jahre später nach etwa 100 km, auf über 80 °C erwärmt und mit Mineralien angereichert, wieder an die Oberfläche. Montegrotto war als *Mons Aegrotorum* (Berg der Kranken) schon zur Zeit der badebegeisterten Römer ein Kurbad, wie die Ausgrabungen belegen.

Heute sind Montegrotto, Abano Terme, Galzignano (9 km N Arqua Petrarca),

Teolo (s. S. 66) und Battaglia Terme (s. S. 68) gepflegte Kurorte, die auch viele deutsche Gäste anziehen.

Abano Terme ist der Mittelpunkt des größten Fangotherapiezentrums von Europa. Jedes seiner insgesamt 120 Hotels hat eine Kuranlage mit eigener Quelle. Wärmeliebende Algen lassen in Thermalbecken den heilsamen Fangoschlamm reifen, der Rheuma- und Arthrosekranken Linderung verspricht, ergänzt durch Anwendung jod- und bromhaltiger Mineralwässer und die Inhalation feucht-heißer Luft in eigens dafür eingerichteten Schwitzgrotten.

Hauptachsen. Die vom Haupteingang *(Bad der Diana)* ansteigenden Terrassen mit Wasserbecken und Statuen werden malerisch vom Hügelpanorama gerahmt. Eine Besonderheit ist das barocke Buchslabyrinth (1500 m lang). Benachbart liegt der *Golfclub Padua,* einer der schönsten Golfplätze Italiens.

Der Canale di Battaglia durch **Battaglia Terme** (11 m, 41 100 Einw.) in Richtung Padua war einst von Villen gesäumt wie der Brentakanal zwischen Padua und Venedig (s. S. 17). Zu besichtigen ist noch das *Castello di Cataio (1570–1573), die martialische Villa eines venezianischen Condottiere, mit einem englischen Landschaftsgarten (© Die, So 14.30–18.30 Uhr).

In **Carrara San Giorgio** (3 km O) besitzt das *Castello San Pelagio* ein sehenswertes *Luftfahrtmuseum* (© tgl. außer Mo 9–12.30, 14.30–19 Uhr).

Von *Monselice nach *Montagnana

Monselice (9 m, 17 400 Einw.) liegt am Fuß der Euganei vor der Ebene. Hübsch ist die zentrale *Piazza Mazzini* (1870 neu gestaltet) mit einer *Loggia* des 16. Jhs., dem *Stadtturm* aus dem 13./16. Jh. und dem Restaurant *La Torre* (So, Mo geschl., §), spezialisiert auf Trüffeln und andere Pilze. Die Schönheiten des Ortes liegen alle am Hang, entlang der *Via del Santuario* (Aufgang von der Piazza Mazzini). Besonders sehenswert ist das *Castello Cini-Ca'Marcello,* ein restaurierter Burgkomplex, der mit Möbeln aus Mittelalter und Renaissance ausgestattet wurde. Beim Besuch dieser größten historischen Möbelsammlung in Italien begibt man sich auf eine faszinierende Zeitreise (© Führungen tgl. außer Mo 9, 10, 11 und 15, 16, 17 Uhr).

Hangaufwärts (rechts Enoteca mit romantischem Garten) passiert man die *Villa Nani-Mocenigo* mit grotesken Gnomen auf der Mauer, die auf den Familiennamen anspielen *(nani = Zwer-*

ge), und kommt zum *Duomo Vecchio,* der ehemaligen Kathedrale mit einer streng-schönen spätromanischen Außengliederung (13. Jh.) besonders an der Chorseite. Eine Reihe von sechs Kapellen und eine kleine Kirche vor dem Aufgang zur *Villa Duodo* bilden den *Santuario delle Sette Chiese* (Baumeister: Vincenzo Scamozzi). Pietro Duodo, der Erbauer der Villa, bewahrte hier die Reliquien, die er vom Papst 1592 für seine Dienste als Gesandter Venedigs am Heiligen Stuhl erhalten hatte. Eine Wallfahrt hierher gewährte denselben Ablass wie der Besuch der sieben Basiliken Roms. Der Aufstieg zur Burg ist aus Sicherheitsgründen gesperrt.

Tipp In **Rivella** vor Monselice sollte man die wunderschöne *Gartenanlage* der eleganten *Villa Emo Capodilista* (1588 von Vincenzo Scamozzi) besuchen, 1960 von der Contessa Emo mit bezaubernden Blumenparterres neu angelegt (© Do–Sa 14–19, So 10–19 Uhr).

Von ihrer uralten Bedeutung hat die Kleinstadt *Este* (W Monselice, 15 m, 17 670 Einw.) kaum mehr als die Erinnerung bewahrt. Vor 3000 Jahren war der Ort das bedeutendste Zentrum der Veneter, die im Gebiet der Colli Euganei siedelten. Aus der vorgeschichtlichen Zeit und der römischen Epoche besitzt Este reiche Bodenfunde (ausgestellt im Museum, s. S. 69).

Das römische *Ateste* verödete nach Verlagerung des Flusslaufs der Etsch infolge einer Überschwemmungskatastrophe 589. Im 10. Jh. begann die Wiederbesiedlung um die Burg von Feudalherren, die sich nach dem Ort d'Este nannten und später zu den bedeutendsten Regionalherren Italiens (Fürstentümer Ferrara, Modena, Reggio) aufstiegen.

Die mit Türmen bewehrten Mauern des *Castello (14. Jh.), der Burgruine am Hang, bilden heute den monumentalen Rahmen für den *Stadtpark,* vor dessen Aufgang das reichhaltige *Museo Nazionale Atestino* steht (© tgl. außer

3

Seite **69**

Mo 9–19 Uhr, Winter geschl.). Gegenüber liegt das Zentrum um die *Piazza
Maggiore* mit dem Rathaus (16. Jh.)
und der breiten Via Matteotti (Kondi-
torei Cortellazzo). Westlich der Piazza
erreicht man über die Via Cavour den
Dom Santa Tecla (um 1700) mit einem
dramatischen *Hochaltarbild* von Tiepolo (1759), das die Befreiung der Stadt
von der Pest durch Fürbitte der
hl. Thekla darstellt.

Tavernetta da Piero Ceschi,
Via Pescheria Vecchia 16
(Do geschl.). ⑤–⑤

Tipp Este ist ein bekanntes Kera-
mikzentrum. Gute Adressen
sind **Este Ceramiche Porcellane,** Via S.
Sabina 31, beim Dom und **Ceramiche
Moretti** in der Via San Girolamo 39.

***Montagnana** (16 m, 9450 Einw.) be-
sitzt eine bestens erhaltene Stadtmauer
mit 24 bis zu 19 m hohen Türmen,
1360–1362 unter den Carrara errichtet.

*In den Mauerruinen der Burg
von Este liegt der Stadtpark*

3

Seite
69

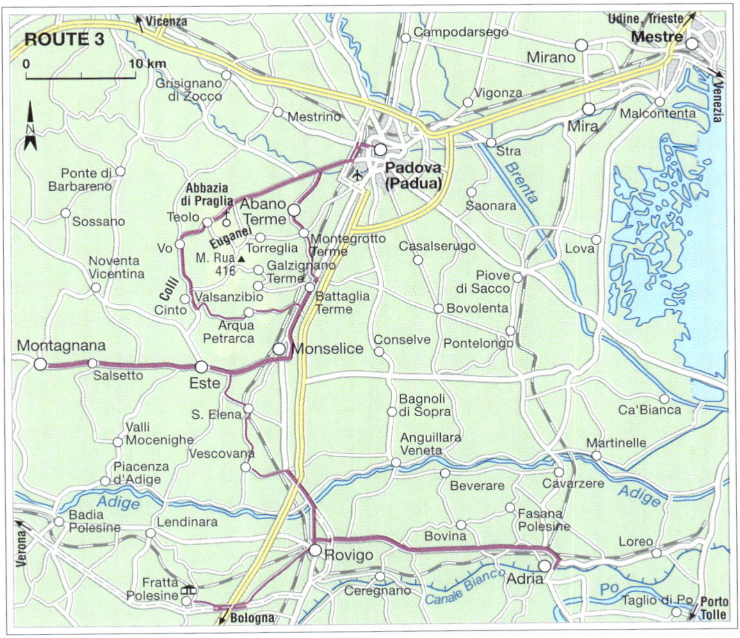

ROUTE 3

0   10 km

N

Vicenza
Campodarsego
Udine, Trieste
Mestre
Mirano
Grisignano
di Zocco
Vigonza
Mestrino
Mira
Malcontenta
Ponte di
Barbarano
Abbazia
di Praglia
Teolo
Abano
Terme
Padova
(Padua)
Stra
Venezia
Sossano
Euganei
Torreglia
Montegrotto
Terme
Casalserugo
Saonara
Lova
Noventa
Vicentina
Vo'
M. Rua
416
Galzignano
Terme
Piove
di Sacco
Colli
Valsanzibio
Battaglia
Terme
Bovolenta
Cinto
Arquà
Petrarca
Monselice
Conselve
Pontelongo
Montagnana
Salsetto
Este
Bagnoli
di Sopra
Ca'Bianca
S. Elena
Valli
Mocenighe
Anguillara
Veneta
Martinelle
Vescovana
Piacenza
d'Adige
Beverare
Cavarzere
Adige
Badia
Polesine
Lendinara
Bovina
Fasana
Polesine
Loreo
Fratta
Polesine
Rovigo
Ceregnano
Canale Bianco
Adria
Po
Taglio di Po
Porto
Tolle
Bologna
Verona
Adige
Brenta

3

Seite
69

Man kann sie außen im grünen Stadt-graben umwandern. An den Schmal-seiten stehen sich die *Rocca degli Albe-ri* (vorbildliche Jugendherberge!) und das *Castello di San Zeno* (Museum) ge-genüber, die ehemalige Burg Ezzelinos da Romano (1242). Hauptachse ist die Via Matteotti, an der auch der Haupt-platz mit dem *Dom* (1431–1502) liegt.

Ins Polesine

Das südlichste Ende des Veneto ist das Land zwischen Etsch und Po, dessen Geschichte vom ewigen Kampf mit der Naturgewalt des Wassers geprägt war.

Das riesige Delta des Po umfasst 400 km². Mehrfach hat der Hauptarm nach Überschwemmungskatastrophen seinen Lauf geändert, im 6. Jh. v. Chr. von Ravenna nach Ferrara und 1152 in die Gegend zwischen Chioggia und Co-macchio, wo er bis heute mündet. Seit der Römerzeit wird das Land durch Trockenlegung urbar gemacht und durch Dämme geschützt.

Prosciutto

Der Prosciutto von Montagnana gehört zu den vorzüglichsten Itali-ens. Man kann ihn als Antipasto in der **Hostaria San Benedetto**, Via Andronalecca, wählen oder als Souvenir bei **Mantoan** in der Via Carrarese 33 erstehen.

Für die Fahrt nach Rovigo empfiehlt sich die Nebenstrecke über **Sant'Elena d'Este** (*Villa Miari de'Cumani* mit ro-mantischem Park, ◷ tgl. außer Mo 9.30–12.30, 14.30–19.30 Uhr) und **Vescovana** (*Villa Pisani* mit Fres-kensälen und Park, ◷ Mo 14–17 Uhr).

Rovigo (7 m, 52 470 Einw.), die Haupt-stadt des Polesine, ist nicht übermäßig attraktiv. Bei der Durchfahrt kann es leicht passieren, dass man die Altstadt nicht findet, die von einer breiten Straßenschneise mit moderner Bebau-ung zerschnitten wird. Bei der rigoro-sen Stadterneuerung der 1930er-Jahre ist der Nebenarm der Etsch *(Adigetto),* um den Rovigo sich als Flusshafen ent-wickelt hatte, unter einer Asphaltdecke verschwunden. Das historische Stadt-bild wurde jedoch im Umkreis der *Piazza Vittorio Emmanuele* und *Piazza Garibaldi* bewahrt. Venezianische Ma-lerei zeigt die 1580 gegründete * *Pina-kothek* der *Accademia dei Concordi.*

Über die Piazza Garibaldi (nette Wein-bar: *Caffè Garibaldi*) erreicht man die * *Rotonda (Beata Vergine del Soccorso),* eine barocke Marienkirche auf acht-eckigem Grundriss (1594–1613) mit ei-ner * *Gemäldeserie* des 17. Jhs.

In **Fratta Polesine** (17 km SW Rovigo) engagierten sich im 16. Jh. venezia-nische Patrizier für die Kultivierung des umliegenden Landes, wovon noch mehrere Gutshäuser zeugen, darunter die * *Villa Badoer* (◷ Wiedereröffnung Frühjahr 2001), eine der berühmtesten Palladio-Villen. Der Entwurf von 1566 ist von klassischer Schönheit und ver-bindet das Herrenhaus mit kurvig aus-schwingenden Seitenflügeln.

Adria (22 km von Rovigo, 21 225 Einw.) war einer der größten Häfen an dem Meer, das heute noch seinen Namen trägt, bis er durch zunehmende Verlan-dung während der Römerzeit von Clas-sis (Ravenna) abgelöst wurde. Heute liegt der Ort 25 km von der Küste ent-fernt, und noch immer schiebt sich die Po-Mündung jährlich 60 m weiter ins Meer vor. Adria ist ein Provinzstädt-chen mit einer malerischen Ecke um den *Canalbianco* am Ponte di Castello, wo man auf eine „ombra" beim *Pozzo dei Desideri* einkehren kann. Im * *Mu-seo Archeologico nazionale* (Piazzale degli Etruschi, ◷ 9–13, 15–19 Uhr) ist die große Vergangenheit Adrias vom 6.–1. Jh. v. Chr. dokumentiert.

 Radfahren, Bootsausflüge, Fi-schen in der unberührten Landschaft des Po-Deltas: **Proloco** in **Porto Tolle,** Largo Europa 2, ☎ 🖷 0426/380584.

Route 4

Von Treviso zum Dolomitenrand

*Treviso – Conegliano – Valdobbia-dene – *Feltre – Belluno – *Vittorio Veneto – *Pordenone (195 km)

Treviso, die kleinste Provinzhauptstadt des Veneto, ist Ausgangspunkt für eine Fahrt in die Proseccohügel. An der Piave entlang geht es nach Feltre und Belluno bis vor die Kulisse der Dolomiten. Dort liegt Vittorio Veneto, Ausgangspunkt für einen Abstecher in die grüne Ebene des Friaul nach Pordenone. (Dauer: etwa zwei Tage)

*Treviso

Die Stadt (15 m, 83 600 Einw.) wird von Sile und Botteniga umflossen, ihre Altstadt liegt wie eine beschauliche Insel im Getriebe einer Industrieregion, die sich bis Mestre und Padua erstreckt. Der Wasserreichtum der Gegend war und ist noch heute die Grundlage für eine blühende Landwirtschaft. Ein geschätztes Produkt ist der *radicchio rosso di Treviso* (s. S. 20), dem im Dezember sogar ein Gastronomie-Festival gewidmet ist. Markenzeichen der hiesigen Industrie ist der Textilgigant Benetton.

Der Ruf vom „dolce vita" in Treviso hält sich, seit im Mittelalter Troubadoure die Trevisaner Schönen besangen und Boccaccio die Verführungskunst als „danza trevisana" verewigte. Dabei hat Trevisaner Lebensart heute mehr mit Kochkunst als mit Liebeskunst zu tun.

Der Denkmalsbestand ist überschaubar. Die wichtigen Bauten stammen aus der großen Zeit Trevisos vom 12.–14. Jh. Die **Piazza dei Signori** ist seit der Römerzeit nicht nur das geografische

Sonnenaufgang mit Fischerboot im Podelta

Im Schatten der Altstadtgassen lässt es sich gut bummeln

Seite 73

San Nicolò ist ein Meisterwerk der Backsteingotik

Zentrum. Im Umkreis der großen Caféterrassen und eleganten Läden herrscht vor der Kulisse des mächtigen *Palazzo dei Trecento*, des romanischen Kommunalpalasts, munteres Treiben, auch am Abend. Wie viele andere Bauten Trevisos ist er während der Bombenangriffe im Zweiten Weltkrieg schwer getroffen und danach fast völlig rekonstruiert worden. Treviso war die am meisten bombardierte Stadt ganz Italiens.

An der *Piazza Ancilotto* hinter dem Palazzo dei Trecento kann man gut einkehren, zum Essen in das Traditionsrestaurant **Beccherie** auf eine *Ombra,* ein Glas Wein, in die **Enoteca da Secondo** und ins **La Pace** (bis 2 Uhr).

An der Piazza dei Signori führt die gerade Hauptachse der Altstadt auf der Trasse des römischen *Cardo maximus* entlang. Der schönste Abschnitt ist die *Via Calmaggiore,* die in nordöstlicher Richtung zum malerischen, stark verschachtelten *Domkomplex (12. bis 19. Jh.) mit **Baptisterium** führt.

Der *Dom San Pietro birgt eine reiche Ausstattung. Sehenswert sind die Chorkapellen der Renaissance (Pietro Lombardo, um 1500), u. a. mit *Fresken* von Pordenone (1520) und einer frühen *Verkündigung* Tizians.

Über die Via Canova mit der spätgotischen **Casa da Noal** (Nr. 36; Ausstellungen) und den nach Westen abknickenden Borgo Cavour gelangt man zum *Museo Civico mit einer sehenswerten Sammlung venezianischer Malerei und einer archäologischen Abteilung (Di–Sa Mo 9–12, 14–17, So 9–12 Uhr).

In entgegengesetzter Richtung (SO) gelangt man von der Piazza dei Signori zur gotischen **Loggia dei Cavalieri,** einem baulichen Unikum aus dem Mittelalter, damals eine Art Clubhaus, in dem sich ritterliche Herren zum Schach- und Würfelspiel trafen.

Über die Via S. Margherita erreicht man den Sile, dem man ein Stückchen

flussabwärts bis zum Zusammenfluss mit dem Kanal Cagnan am *Ponte Dante* (Osteria Al Ponte Dante) folgen kann. Über den Laubengang spaziert man zurück zum Zentrum über die *Piazza S. Maria* zur gleichnamigen Kirche mit schöner spätgotischer Fassade und weiter bis zur *Piazza S. Leonardo.*

Nächste Station ist die *Pescheria, der Fischmarkt, idyllisch auf einer Insel im Wasser unter Kastanienbäumen gelegen. Nördlich davon liegt die Bettelordenskirche *San Francesco (13. Jh.), eine „Predigtscheune" mit *Grabdenkmälern* großer Familien und *Fresken* von Tommaso da Modena. Die *Via Campana* führt über zwei Brücken zu den schönsten Winkeln am Wasser.

Dort gibt es auch gute Lokale (z. B. **Alla Colonna,** Via Campana, Ⓢ).

Etwas abseits im Südwesten der Altstadt findet man die kunsthistorisch bedeutendste Kirche **San Nicolò** (1389 fertig gestellt), eines der eindrucksvollsten Beispiele der italienischen Backsteingotik. Die Ausstattung umfasst u. a. *Fresken* des 14. Jhs. an den Pfeilern von Tommaso da Modena und seiner Schule. Den Kapitelsaal *(Sala del Capitolo)* des ehemaligen **Klosters** *(Seminario Vescovile)* schmückt der bedeutendste *Freskenzyklus* (1352) von Tommaso (🕐 8–19 Uhr).

Treffpunkte

Muscoli's, Alla Pescheria, und **Al Calice d'Oro** heißen die Treffs der Trevisaner rund um den Fischmarkt, die Pescheria.

APT, Via Toniolo 41, ☎ 0422/540600, 🖷 541397. Internet: www.sevenonline.it/tvapt

Campeol, Piazza Ancilotto 10, ☎ 0422/56601, 🖷 540871. Klein, zentral. Ⓢ

Toni del Spin, Via Inferiore 7 (So, Mo mittags geschl.). Volkstümliche Trattoria wie anno dazumal. $–$

 Regionale Delikatessen gibt es bei **Danesin,** Corso del Popolo 28.

Die schnurgerade Verbindung nach Mestre im Süden (SS13) ist ein einziges Gewerbegebiet. Die Italiener nennen die Strecke traditionell *Terraglio,* denn hier wurde ein Kanal zugeschüttet, der einst Venedig mit Treviso verband und an dem sich die schönen Villen so dicht reihten wie sonst nur am Brentakanal.

 Die etwas abseits in Zerman bei Mogliano gelegene **Villa Condulmer** aus dem 18. Jh. wurde in eine prächtige Herberge umgewandelt, der dazugehörige Park in einen Golfplatz (☎ 041/457100, 🖷 457134). $

Im Land des Prosecco

Conegliano (72 m, 35 650 Einw.), eine moderne Industriestadt mit einem stimmungsvollen *Altstadtkern zu Füßen eines grünen Hügels mit einer Burgruine (Museum, Aussichtsrestaurant), ist ein Zentrum der Weinbauregion zwischen Valdobbiadene und Vittorio Veneto, aus der der Prosecco stammt. Das historische Zentrum erstreckt sich entlang der um den Hügelfuß angelegten Via XX Settembre, einer Arkadenstraße mit stattlichen Palazzi und dem schönsten Gebäude der Stadt, der *Scuola dei Battuti (14./15. Jh.). Benachbart ist der *Dom* mit einer *Sacra Conversazione* (1493, s. S. 16) von Cima da Conegliano, das einzige Werk, das der Maler in seiner Vaterstadt hinterließ (*Cima-Museum* hinter dem Dom). Mittelpunkt ist die Piazza Cima mit dem klassizistischen Stadttheater, dem *Caffè al Teatro* und der angenehmen *Trattoria alle Stelle.*

 APT, Via Colombo 45, ☎ 0438/21230, 🖷 21230.

Ponte Dante: Idylle am Wasser

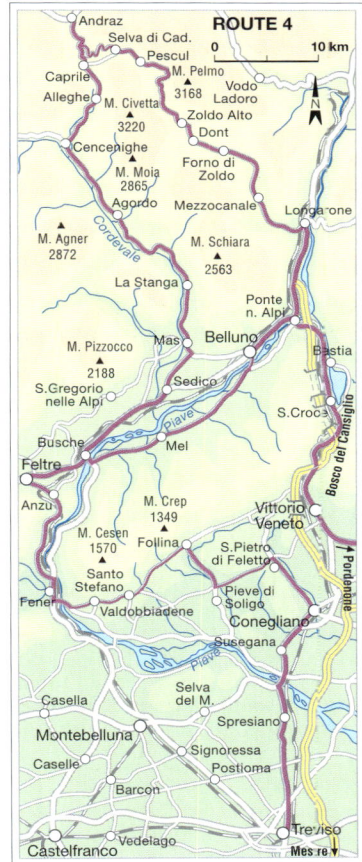

4

Seite **73**

Eine gut markierte Weinstraße, die *Strada del Vino di Prosecco (42 km), führt zu hübschen Dörfern und Weingütern (vom Castello entlang der „Strada del vino bianco" über Rua NW). In San Pietro di Feletto steht die Kirche *San Pietro Vecchio mit Fresken aus dem 13.–15. Jh. Am Weg gibt es immer wieder einladende Osterien, wie die Osteria dei Colli in Farra di Soligo. Von hier empfiehlt sich ein Abstecher nach Follina (5,8 km, romanische *Abtei, schönes Hotel Abbazia). Die Region des Spitzenperlweins Cartizze liegt bei Santo Stefano und San Pietro di Barbozza.

Das Cartizze-Zentrum Valdobbiadene (253 m, 10 750 Einw.) hat nach Zerstörung des historischen Zentrums im Ersten Weltkrieg nicht viel Historisches zu bieten. Im September findet in der schönen Parkvilla dei Cedri die Mostra Nazionale dello Spumante statt.

In Richtung Dolomiten

Am Eingang zu den Dolomiten liegen Feltre und Belluno, die nördlichsten Städte des Veneto. Wegen ihrer strategischen Bedeutung war die Region lange Zankapfel zwischen den Mächten in Nord und Süd und hat auch in den Weltkriegen stark gelitten.

*Feltre (325 m, 19 785 Einw.) schmiegt sich an den Rand eines weiten Talbeckens. In der Römerzeit war die Stadt Kontrollpunkt an der Militärstraße von der oberen Adria nach Raetien. Nach der üblichen Entwicklung im Mittelalter – Bischofsstadt – freie Kommune – Signorienherrschaft – wurde Feltre 1404 venezianisch. Seine Treue zur Markusrepublik wurde 1510 im Krieg der Liga von Cambrai gegen Venedig schwer bestraft, als die Stadt vollständig verwüstet wurde.

Die Altstadt liegt am Hang um die Längsachse der *Via Mezzaterra mit einem schönen Ensemble von Wohnpalästen des 16. Jhs., einige davon mit Außenfresken (Nr. 9, 19, 35, 41).

Prosecco

Besten Prosecco und Cartizze probiert und kauft man bei den Produzenten **Desiderio Bisol** und **Ca' Salina** oder **Ruggeri** in Santo Stefano bei Valdobbiadene.

Bei Signora Ponti kann man sich bei Nr. 24 in der **Hostaria Novecento** (Mo geschl.) verwöhnen lassen, etwa mit einer Steinpilz-Brie-Quiche oder einer Entenbrust mit Kirschen. ⑤

An ihrem oberen Ende weitet sich die Straße zur *Piazza Maggiore, wo schon das Forum des römischen Feltrinum lag, einer malerischen Platzbühne auf verschiedenen Ebenen, über die ein Markuslöwe auf seiner Säule wacht. (Ein steiler Treppensteig führt von der Piazza zur Unterstadt und zum Dom aus dem 16. Jh. mit Ausgrabungen aus römischer und frühchristlicher Zeit.) Auch die Via Luzzo, zeigt schöne Palastfassaden. Das *Museo Civico auf Nr. 23 wartet seit Jahren auf seine Wiedereröffnung. Besichtigen kann man jedoch das Museo d'Arte Moderna (Via Paradiso, ◷ Juni–Sept. tgl. außer Mo 10–13, 16–19 Uhr).

APT, Piazzetta Trento e Trieste 9, ☎ 0439/2540, 🖷 2839.

Tipp **Palio di Feltre** (historisches Stadtfest) am ersten August-Wochenende.

Von Sedico zwischen Feltre und Belluno (SS50) empfiehlt sich ein **Abstecher in die Ostdolomiten** mit großartigen Landschaftserlebnissen zu Füßen von Marmolada, Civetta und Pelmo (ca. 110 km). Er führt durch das Agordino mit den Hauptorten Agordo und Alleghe (See) bis Caprile und über Selva di Cadore durch das Zoldotal zurück nach Longarone, das 1963 bei der Staudammkatastrophe von Vajont zerstört wurde (s. S. 10).

Belluno

Das Städtchen (383 m, 35 600 Einw.) ist das Zentrum der nördlichsten Provinz des Veneto. Die Altstadt liegt in strategischer Position auf einem Sporn über dem Zusammenfluss von Piave und Ardo, wo sich einst ein römisches Bollwerk und ein byzantinisches Kastell befanden. Die Panoramablicke auf die gegenüberliegenden Uferhänge sind nicht mehr so malerisch, seit sich dort Neubauviertel ausbreiten. Industrie und Gewerbe prägen die Umgebung.

Das historische Zentrum wurde nicht so sorgfältig saniert wie anderswo im Veneto. Schön ist die im 16. Jh. angelegte *Piazza dei Martiri* vor dem Eingang in die Altstadt, eine grüne Anlage mit hohen Koniferen, eingefasst von einer geschwungenen Häuserfront.

Ein Renaissancetor führt in den alten Stadtkern, der wie in Feltre aus einer langen Mittelachse (Via Mezzaterra) mit zwei Parallelstraßen besteht. Ein uriger Rastplatz ist die *Enoteca Mazzini* (Mi geschl.) unter den Lauben der Via Mazzini (Ecke Via Rialto). Stimmungsvoll ist die *Piazza Mercato,* früher Piazza del Foro nach ihrer Lage über dem römischen Forum.

Auf einer Terrasse über dem Piave liegt die *Piazza del Duomo,* wo die monumentalen Bauten versammelt sind: der *Dom* (7. Jh. und 16.–18. Jh.) mit dem barocken *Campanile* und der *Bischofspalast* (rekonstr. 1875), zu dem der mittelalterliche Stadtturm gehörte. Der schöne * *Palazzo dei Rettori* von 1491 wurde im 16. Jh. um die rechten Achsen und den Uhrturm erweitert. Östlich der Piazza zeigt das *Museo Civico* eine Sammlung regionaler Kunst.

i Piazza dei Martiri. Belluno ist das Tor zu den Ostdolomiten; Auskünfte über Alpintourismus in den Belluneser Dolomiten sowie Wandern und Reiten in den Voralpen (Nevegal, Alpago) beim **APT Prealpi e Dolomiti Bellunesi,** Via R. Pesaro 21, ☎ 0437/940073.

Die Altstadt von Feltre stammt aus der Renaissance

Seite 73

4

Köstliches Prickeln

Auf den Hügeln zwischen Conegliano und Valdobbiadene nördlich von Treviso gedeiht die Prosecco-Rebe, aus der schon zur Römerzeit der hochgeschätzte *Pulcinum* gekeltert wurde. Die große Stunde des Prosecco schlug jedoch erst in jüngerer Vergangenheit, als Antonio Carpenè den Wein im Champagner-Verfahren zum Perlen brachte. Seinen Namen trägt die älteste (seit 1868) und führende Weinfirma Carpenè-Malvolti in Follina. Beim Prosecco unterscheidet man eine liebliche *(frizzante)* und eine trockene Variante *(spumante).* Die beste Sorte ist der Cartizze mit einem Alkoholgehalt von 11 % (frizzante) bzw. 11,5 % (spumante). Er stammt aus einem nur 108 ha großen Gebiet um Santo Stefano bei Valdobbiadene. Echter DOC-Cartizze ist wegen der geringen Produktionsmenge praktisch nur im Veneto erhältlich.

Die schönste Unterkunft liegt außerhalb in Richtung Feltre: **Villa Carpenada,** Via Mier 158, ☎ 0437/948343, 🖷 948345. Ruhige Waldlage. ⑤〉〉

 Terracotta, Largo Garibaldi (Sa mittag, So geschl.). Hübsch, preiswert, abwechslungsreiche Küche. ⑤–⑤〉

Kalte Köstlichkeiten

Die besten Semifreddi und Gelati von Belluno gibt es in der **Pasticceria Deon** an der Piazza Tre Martiri.

Von Belluno nach Pordenone

Hinter Belluno biegt man wieder nach Süden ab. Auf der SS51 nach Vittorio Veneto sind gewaltige Eingriffe in die Natur unübersehbar. 45 km lang ist der Stausee **Lago di Santa Croce,** der die Energie für vier talwärts liegende Elektrizitätszentralen liefert. Die Talstrecke überspannen die gigantischen Betonpfeiler der Autobahn.

*Vittorio Veneto (138 m, 29 300 Einw.) entstand erst 1866 aus der Vereinigung zweier Nachbargemeinden am Meschiofluss und wurde nach dem ersten italienischen König Vittorio Emanuele benannt. Das nördliche *Serravalle* (Talriegel), seit jeher Kontrollpunkt am engen Talschluss zwischen Ebene und Gebirge, hat anders als *Ceneda* sein historisches Ortsbild recht gut bewahrt.

Man sollte die Stadt zu Fuß von Norden über die Via Roma erkunden und vorbei an der Burgfestung zur *Piazza Flaminio* hinuntergehen. Auf dem seit dem 16. Jh. kaum veränderten Platz lohnt ein Essen in der *Trattoria alla Cerva* (Di geschl.).

Die malerische *Loggia Serravallese* ist der alte Regierungspalast von Serravalle und heute Sitz des Regionalmuseums

Museo Cenedese. Gegenüber der Piazza liegt am anderen Ufer des Meschio der barocke *Dom* (Hochaltarbild der Tizian-Werkstatt). Dahinter gibt es einen reizvollen Höhenweg (25 Min.) zur gotischen Kirche *Sant'Augusta.*

Von der Piazza Flaminio in Richtung Süden führt die von dunklen Lauben gesäumte alte Hauptstraße, die *Via Martiri della Libertà,* mit modernen Läden in altersgrauen Palästen. Ihre Fortsetzung bildet die Via Cavour, wo man auf Nr. 39 in der *Locanda al Postiglione* gut essen kann (Di geschl., ⑤〉).

Um die Ecke liegt die Hospitalkirche *San Lorenzo* mit einem der schönsten *Freskenzyklen venezianischer Malerei aus dem frühen 15. Jh.

 APT, Piazza del Popolo (beim Bahnhof), ☎ 0438/57243, 🖷 53629.

Serravalle ist Ausgangspunkt für eine Fahrt auf die Hochebene des **Cansiglio** (NO, über Fregona, SS422), ein beliebtes Ausflugsgebiet mit vielen Sportmöglichkeiten.

Der *Bosco del Cansiglio* war jahrhundertelang der streng geschützte Staatsforst Venedigs, aus dem sich die Seerepublik mit Holz für Masten und Galeerenruder versorgte. Durch unkontrollierte Abholzung ist von ehemals 57 000 ha Waldfläche nur ein Restbestand von 6500 ha übrig.

Auf halbem Weg nach Pordenone durch das Gartenland der Ebene liegt *Sacile (25 m, 17 000 Einw.), ein anmutiges Städtchen am Livenza mit malerischen Trauerweiden am Wasser, schönen Geschäften und dem traditionsreichen Vogelmarkt *Sagra dei Osei* (seit dem 14. Jh.) im August.

*Pordenone (24 m, 50 160 Einw.), die Hauptstadt Westfriauls, steht geografisch und atmosphärisch dem Veneto nahe. Sie war schon in der Antike ein Handelshafen am Noncello, seit dem 10. Jh. österreichische Enklave und ab 1508 venezianisch. Die Stadt ist der

Geburtsort von Giovanni Antonio de'Sacchis, genannt *Pordenone* (1483–1539), der sich mit seinem eigenwilligen Manierismus neben den großen Renaissance-Malern Venedigs behaupten konnte.

Der sichtbare Wohlstand Pordenones beruht auf der Produktion von Kühlschränken und Waschmaschinen, mit der die Firma Zanussi 1951 begann und zum führenden Haushaltsgeräte-

Belluno ist das Tor zu den Ostalpen

hersteller Italiens avancierte; heute ist sie von Electrolux übernommen. Der Altstadtkern besteht praktisch aus einer einzigen Straßenachse, dem *Corso Vittorio Emanuele,* einer ununterbrochenen Einkaufsmeile in der schönen Kulisse historischer Laubenhäuser. Ein guter Ort zum Rasten ist das *Caffè Municipio* (Nr. 56) unweit des prächtigen barocken *Palazzo Gregoris,* der auch am Canal Grande stehen könnte. Das östliche Ende des Corso markiert die originelle Silhouette des gotischen *Palazzo del Comune,* dem 1542 ein Uhrturm vorgesetzt wurde. Imponierend ist der hoch aufragende *Campanile* (1271–1347) des Doms. Im *Dom* kann man gleich am ersten Seitenaltar rechts eine *Madonna della Misericordia* (1515) von Pordenone bewundern. Über die intime Piazza San Marco gelangt man zum Noncello, an dem sich ein schöner Flusspark entlangzieht.

Den Vogelmarkt von Sacile gab es schon im Mittelalter

APT, Corso Vittorio Emanuele 38, ☎ 0434/1912, 🖷 523814

Villa Ottoboni, Via 30 Aprile, ☎ 0434/208891, 🖷 208148. Das erste Hotel am Platze. $))
15 km südlich wohnt man erholsam und komfortabel in der **Villa Luppis** Rivarotta/Pasiano ☎ 0434/626969, 🖷 626228. Park, Pool, Tennis. $))

Vecia Osteria del Moro, Via Castello 2 (beim Rathaus). Gasthaus mit Tradition. $)

Ein bauliches Unikum ist das Rathaus von Pordenone

4

Seite 73

Route 5

Auf den Spuren der Antike

Altino – San Donà di Pieve – *Porto-gruaro – Caorle – **Aquileia – Grado – Redipuglia (ca. 280 km)

Im Hinterland der Badeküste zwischen Jesolo und Grado liegen an der Route der antiken Via Annia römische Ruinen. Eindrucksvolle Kirchenbauten des frühen Christentums überlebten am Küstensaum.

Große Eingriffe prägen das Bild der Landschaft, Flüsse wurden umgeleitet, Sümpfe trockengelegt und der einsame Lagunenrand in einen Urlaubs-strand verwandelt. (Dauer: ca. ein Tag)

Von Altino nach Caorle

Von der Autobahnausfahrt Quarto d'Altino (11 km O Mestre, 8 km vom Autobahnkreuz nach Treviso) erreicht man nach 6 km Altino mit dem Ausgrabungsfeld des römischen *Altinum*. Nur der Name ist dem Ort geblieben, der, von Hunnen und Langobarden zerstört, in den Sümpfen versank. Ausgrabungen und *Museo Archeologico Nazionale*, ◔ tgl. außer Mo 9–18 Uhr).

Am Lagunenrand erreicht man *Porte-grandi*, wo einst der *Sile* mündete. Um die Verlandung durch Anschwemmungen der Flüsse zu verhindern, lenkte die Regierung von Venedig im 16./17. Jh. den Unterlauf von Sile, Piave und Livenza in Gebiete außerhalb der Lagune ab. Die Fahrt am Lagunenrand von Portegrandi über Caposile bis Jesolo ist wegen der ursprünglichen Wasserlandschaft lohnend.

San Donà di Piave (3 m, 33 450 Einw.), nach der Zerstörung im Ersten Weltkrieg neu aufgebauter Industrieort, ist das Zentrum der „Bonifica". Die Ent-

wässerung und Bebauung des Sumpf-gebiets ist im *Museo della Bonifica* (Viale Primavera, ◔ tgl. außer Mo 9–12, 16–18 Uhr) dokumentiert.

*Portogruaro (5 m, 24 760 Einw.), als Handelsplatz am Lemene entstanden, eignet sich gut als Standort für die Besichtigung der Umgebung. Es besitzt einen reizvollen alten Stadtkern um die beiden parallel zum Flüsschen verlaufenden Hauptstraßen, ein gotisches *Rathaus, mittelalterliche Laubenhäu-ser (besonders schön Nr. 23–39 und Nr. 30) und zwei alte Flussmühlen (15. Jh.). Sehenswert ist das *Museo Nazionale Concordiese (Via del Semi-nario 22, ◔ Di–So 9–12, 14–17 Uhr) mit Funden aus *Concordia Sagittaria* (s. S. 79).

 APT, Borgo S. Agnese 57, ☎ 0421/274230, 📠 2744600.

 Antico Spessotto, Via Roma 2, ☎ 0421/71040, 📠 71053. ⓢ

 Tre Scalini (Mo, Di geschl.). Malerisch am Lemene gelegen. ⓢ
Valentino, Via Cavour 41 (Mi geschl.). Familientrattoria. ⓢ

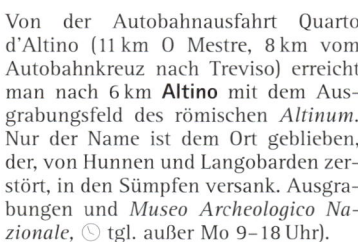

 Seite 79

5

Concordia Sagittaria (2 km S), ein kleines Agrarzentrum mit antikem Namen, hat insbesondere im Umkreis der Kathedrale (*Baptisterium von 1098) sehenswerte Relikte aus römischer und frühchristlicher Zeit bewahrt.

Sesto al Reghena (9 km N) fasziniert wegen seiner ehemaligen Benediktinerabtei **Santa Maria in Sylvis**, des stimmungsvollsten mittelalterlichen Kirchenkomplexes der Region, größtenteils in Formen des frühen Mittelalters. Um 1200 entstand die *Kirche* mit dem ungewöhnlichen Atrium, dem Vestibül und den Fresken des 12. bis 16. Jhs. Die Krypta (10. Jh.) bewahrt einen langobardischen Sarkophag (8. Jh.).

Bis in die 1930er-Jahre war **Caorle** (11 350 Einw.) der einzige Küstenort zwischen Venedig und Grado und hatte als Fischerinsel in der Lagune kaum Verbindung zum Hinterland. Nachdem sich die Bewohner von Concordia Sagittaria vor den Hunnen Attilas 452 hierher geflüchtet hatten, wuchs die Bedeutung des Ortes, der sogar einen eigenen Patriarchen besaß. Davon zeugt die *Kathedrale* aus dem 11. Jh. mit dem urtümlichen zylindrischen *Campanile*.

Östlich von Caorle liegen große *Valli di Pesca,* eingedeichte Brackwasserzo-

Einsamkeit am Lagunenrand

5

Seite **79**

Aquileias Dom besitzt kostbare Mosaiken der Spätantike

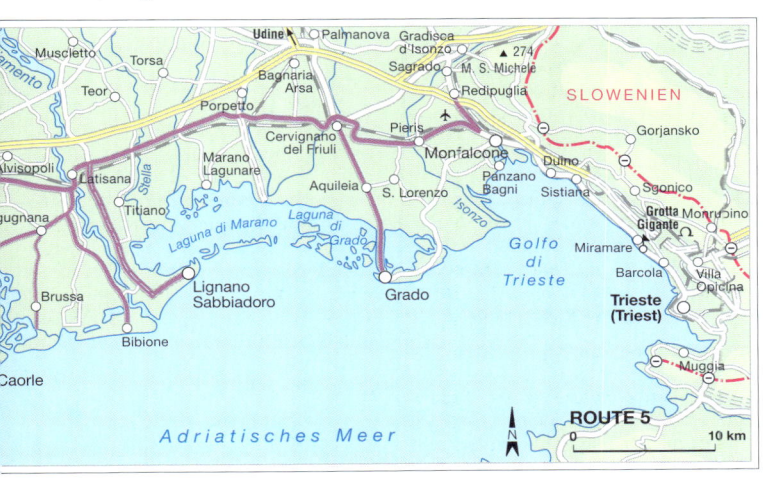

Massaker am Isonzo

Der Isonzo ist als Grenzfluss zur Apenninenhalbinsel schon in der „Rabenschlacht" von 489 zwischen Theoderich d. Gr. und Odoaker umkämpft worden. 1915–1917 erlangte der Fluss traurigen Ruhm durch 12 blutige Schlachten zwischen Italien und Österreich, die die ganze Region verwüsteten und die Industriestadt Monfalcone völlig vernichteten. Unvorstellbar grausam entwickelten sich die Kämpfe in der steinigen Karstlandschaft, die weder Schutz vor Hitze noch Regen bot. Stellungen musste man in den Fels sprengen, Tote konnten nicht bestattet werden. Auf Spuren des Ersten Weltkriegs stößt man bis zur Piave, wohin die Front sich nach der ital. Niederlage am Isonzo *(Caporetto)* verlagerte. Als freiwilliger Kriegsteilnehmer trat auch Ernest Hemingway in Erscheinung, dessen Erlebnisse sich in Romanen wie „In einem anderen Land" und „Über den Fluss und in die Wälder" spiegeln.

Seite 79

nen, in denen Fischzucht betrieben wird. Sie sind durch einen Küstenstreifen, * *Valle Vecchia,* vom Meer getrennt, dem einzigen nicht urbanisierten Strandgebiet der oberen Adria (Zufahrt von Lugugnana nach Brussa, 12 km). Im Umkreis sind einige *casoni,* traditionelle Schilfhütten der Fischer.

APT, Piazza Papa Giovanni XXIII, ◎ in der Saison 8–20 Uhr.

Vom Hafen starten im Sommer um 9 und 14.30, Sa, So nur 14.30 Uhr zweistündige Schiffsausflüge in die Lagune mit Imbiss in einem *Casone.*

Auf einer Landzunge hat sich der Badeort **Bibione** entwickelt. Im Ortsteil *Bibione Pineda* sind Restflächen des ursprünglichen Pinienwaldes erhalten. Jenseits des Tagliamento liegt **Lignano,** der größte und betriebsamste Ferien-

platz der Region am Rand der Lagune von Marano. Besuchenswert ist der kleine Fischerort **Marano Lagunare.**

Vedova Raddi alla Laguna, in Marano (Mi geschl.) Fangfrischer Fisch. ⑤

** Aquileia

Von Aquileia (5 m, 3400 Einw.), der glanzvollen Kapitale der römischen Region Venetia et Histria, die als Hafenstadt in der Antike jene Stellung einnahm, die später Venedig und dann Triest innehatten, ist nach der Zerstörung durch Hunnen und Langobarden nur sehr wenig übrig geblieben: ein paar Säulen am Forum, Ladekais und Rampen am ehemaligen Flusshafen, Straßenpflaster und Grabanlagen.

Der Bau der * **Kathedrale** erfolgte unter dem Patriarchen Poppo (1019–1042) als Teil seiner ehrgeizigen Initiative zur Wiederbelebung Aquileias. So beeindruckend die große Basilika mit der freskierten Hauptapsis auch wirkt, die große Attraktion ist der prächtige ** **Mosaikfußboden**, der zu der ältesten, unter dem ersten Bischof Theodorus 310/319 errichteten Kirche gehört, mit 645 m² der größte der christlichen Spätantike. In ein Meer von Fischen sind Bildszenen zur Jonaslegende eingefügt (◎ tgl. 9–19 Uhr).

Ehrfurchtsvoll stimmt auch die * **Krypta** (9. Jh.) mit byzantinischen Fresken (um 1180). Auf einem tieferen Terrain, das man über das linke Seitenschiff erreicht, liegt die sog. *Cripta dei Scavi* mit römischen Fundamenten. Im * **Museo Archeologico** auf der anderen Seite der Hauptstraße sind u. a. kunsthandwerkliche Meisterwerke aus dem römischen Aquileia zu sehen (◎ tgl. außer Mo 9–14, im Sommer bis 19 Uhr). Das frühchristliche Aquileia ist im *Museo Paleocristiano* dokumentiert (◎ tgl. außer Mo 9–14 Uhr).

La Colombara, Via Zilli 34 (Mo geschl.). Am besten sind die Fischspezialitäten. ⑤

Grado

Der traditionsreiche Badeort Grado (10 000 Einw.), dessen Altstadt auf einer mit dem Festland verbundenen Laguneninsel liegt, war in der Antike der Seehafen Aquileias und nach dessen Zerstörung Fluchtort für seine Bewohner, schließlich auch für den Patriarchen, der 568 dorthin übersiedelte. Als Aquileia nova wurde es kirchliche Hauptstadt Seevenetiens.

Aus dieser Zeit stammen die Kirchen der Altstadt: Die dreischiffige * **Kathedrale Santa** *Eufemia*, 579 geweiht und 1935/1952 in Originalformen restauriert, enthält ein * **Fußbodenmosaik** aus dem 6. Jh. Daneben stehen das *Baptisterium* (5. Jh.) und die Kirche **Santa Maria delle Grazie,** ebenfalls 6. Jh.

Gemütlich sitzt es sich in der Altstadt von Grado

 APT, Viale Dante Alighieri 72, ☎ 0431/899220, 🖷 899278 (Mai–Nov.).

🚤 Ausflüge per Motorboot zur Insel Barbarana (Wallfahrtskirche), nach Porto Buso, Aquileia, Lignano.

Hinter dem *Isonzo* beginnt die Welt der *Karsthügel* (s. S. 10). Auf der Autobahn in Richtung Triest erkennt man den Soldatenfriedhof von **Redipuglia,** erbaut in der Form einer Stufenpyramide, unter der 100 182 überwiegend namenlose Soldaten ruhen, die im Ersten Weltkrieg am Isonzo gefallen sind.

5

Seite 79

Am berühmten sonnigen Strand von Grado

Die Patriarchen von Aquileia

Aus dem mächtigen Bistum von Aquileia, das bereits 313 gegründet wurde, erwuchs der mittelalterliche Feudalstaat der Patriarchen von Aquileia, der unter der Oberhoheit des Heiligen Römischen Reiches das Friaul beherrschte. Nach den Zerstörungen durch Hunnen (452) und Langobarden (552) wurde Aquileia aufgegeben, die Bevölkerung flüchtete mit dem Bischof nach Grado. Der Lagunenbereich blieb als Seevenetien unter byzantinischer Hoheit. Von Byzanz übernahmen die Bischöfe von Aquileia den in der Ostkirche üblichen Titel eines Patriarchen. Im Mittelalter verlegten die teilweise aus dem deutschen Adel stammenden Patriarchen ihren Sitz zuerst nach Cormons, dann nach Cividale und Udine. Seit dem 14. Jh. durch die Expansion Venedigs geschwächt und in der Folge wieder auf den geistlichen Bereich beschränkt, wurde das Patriarchat von Aquileia schließlich 1751 aufgelöst.

Route 6

Im Herzen Friauls

*Udine – *Cividale – Cormons –
*Gorizia – *Gradisca d'Isonzo –
Palmanova (ca. 135 km)

Die Route beginnt in Udine, der alten Hauptstadt des Friaul, und führt über die Langobardenstadt Cividale nach Cormons ins Zentrum des Collio, wo auf sanften Hügeln die Reben für die besten Weißweine Italiens reifen.

Zwischen Cormons und Gorizia (Görz) an der slowenischen Grenze wandelt man auf den Spuren der Donaumonarchie mit Zwiebelhauben und Biedermeierhäusern, Apfelstrudel und Kaiserfest, stößt aber auch immer wieder auf Relikte des Ersten Weltkriegs. (Dauer: etwa zwei Tage)

*Udine

(113 m, 98 166 Einw.). Das Zentrum Friauls ist ein Ort, an dem es sich leben lässt. Udine galt immer schon als die am meisten „venezianische" unter den Städten Friauls, nicht nur wegen der zentralen Piazza della Libertà mit ihren Markusplatz-Zitaten, sondern auch wegen der leichteren Lebensart und des pulsierenden Lebens auf den Straßen.

Die Entwicklung der Stadt erfolgte im Mittelalter nach Verleihung des Marktrechts 1223 durch den Patriarchen Berthold von Andechs. Danach wurde die Residenz der Patriarchen von Aquileia und das Parlament der „Patria del Friuli" von Cividale auf den Hügel von Udine verlegt. 1420 kapitulierte Udine vor den venezianischen Truppen und blieb bis zum Einmarsch Napoleons 1797 ein Teil der Markusrepublik.

Die *Piazza della Libertà ist ein Gesamtkunstwerk wie für eine Bühne entworfen, mit Kulissen, die sich bei wechselndem Standort zu immer neuen malerischen Bildern verschieben. Der wie ein kostbarer Schrein in den Platz hineinragende Kommunalpalast *Loggia del Lionello (1448–1456) ist ein Meisterwerk der venezianischen Spätgotik. Gegenüber, am Fuß des Burghangs, liegt der *Porticato San Giovanni, eine lang gestreckte Loggia (1532) mit einer Kuppelkapelle in der Mitte, hinter der ein Uhrturm (1527) aufragt. Barocke Statuen, zwei hohe Säulen, eine davon mit dem Markuslöwen, und ein Brunnen von 1542 dekorieren die Piazza.

Durch ein Palladio-Tor mit roh behauenen Quadern (1556) steigt man an spätgotischen Arkaden entlang hinauf zum **Castello,** wo in einem nach dem großen Erdbeben von 1511 errichteten nüchternen Baublock bis 1797 die venezianischen Statthalter residierten. Im Piano Nobile ist noch der Parlamentssaal mit Fresken des Raffael-Schülers Giovanni da Udine (1560) zu besichtigen. Die *Musei Civici* im Castello (🕐 Di–Sa 9.30–12.30, 15–18, So 9.30 bis 12.30 Uhr) beherbergen u.a. und eine *Gemäldegalerie mit Werken friulanischer und venezianischer Meister von Carpaccio bis Tiepolo. Die Kirche **Santa Maria di Castello,** die älteste Pfarrkirche Udines, geht auf das 6. Jh. zurück. Der große *Erzengel,* der als Windfahne den Glockenturm bekrönt, ist das Wahrzeichen von Udine.

Auf der Rückseite des Kastellhügels liegt das weite, grüne Rund der **Piazza 1° Maggio** (Parkplatz), seit alter Zeit ein beliebter Ort für Volksfeste und Märkte.

 APT, Piazza I Maggio 7,
☎ 0432/295972,
📠 504743.

Von der Piazza nach Südosten ist es nicht weit bis zum *Palazzo Arcivescovile, der Erzbischöflichen Residenz (Piazza Patriarcato), in der man die frisch restaurierten, glanzvollen **Freskenzyklen** von Tiepolo bewundern kann (*Museo Diocesano,* ◷ Mi–So 10–12 und 15.30 bis 18.30 Uhr). Das Deckenbild des * *Treppenhauses* zeigt einen Engelssturz in starkem Hell-Dunkel-Kontrast, ein Frühwerk von 1726. In den alttestamentarischen Szenen der ** *Galleria* (1727–1728) beweist Tiepolo seine festlich-virtuose Inszenierungskunst und seinen Farbzauber. Das Thema des großen Figurenreigens an der Decke der * *Sala Rossa* (um 1730) ist das Urteil Salomons. Ein weiteres Frühwerk Tiepolos enthält der mächtige **Dom** (im 13. Jh. begonnen, barockisiert mit der Ausmalung der * *Cappella del Sacramento* (1726) hinter der Kanzel, die allerdings eine Reinigung dringend nötig hätte. Einen Extrablick verdient der *Campanile,* der über einem gotischen Baptisterium mit * *Fresken* des 14. Jhs. errichtet wurde.

Uhrturm wie in Venedig: Piazza della Libertà in Udine

Landschaft mit Schicksal

Über den Tagliamento, der mit seinem riesigen Geröllbett das Friaul in zwei Hälften teilt, kamen seit Menschengedenken Eroberer aus dem Norden. In vorgeschichtlicher Zeit wanderten die keltischen Karner ein und vertrieben die Veneter. Nach der römischen Friedenszeit folgten Not und Zerstörung durch Hunnen, Goten und Langobarden, die von 568 an für zweihundert Jahre ihre kriegerische Herrschaft in Oberitalien ausübten. Der Patriarch von Aquileia, der im Mittelalter das Friaul regierte, war meist ein kaisertreuer Deutscher, und Lehensherren aus Kärnten und Bayern saßen auf vielen Burgen. Im 15. Jh. fiel der größte Teil des Friaul an Venedig, während die Grafschaft Görz bis 1918 österreichisch blieb.

Trotz der vielen fremden Herren, die Kunst, Kultur und Küche beeinflussten, bewahrten die Friulaner ihre eigene Identität, vor allem durch ihre Sprache, das Furlan, das auch eine bis heute lebendige Volksliteratur hervorgebracht hat. Das Friaul ist ländlicher als das Veneto, die Städte sind kleiner, die Menschen bäuerlicher.

Wenn man heute durch die sauberen Dörfer und die ordentlichen Städtchen mit den vielen neuen Häusern fährt, kann man sich nicht mehr vorstellen, dass hier vor zwanzig Jahren alles in Trümmern lag. Eine der größten Erdbebenkatastrophen Europas zerstörte im Jahr 1976 Burgen und Dome, Paläste und Wohnhäuser. In den im Epizentrum gelegenen Städten Gemona (s. S. 91) und Venzone (s. S. 92) blieb fast kein Stein auf dem anderen. Fast 200 Orte waren betroffen, 15 000 Häuser wurden zerstört, 1000 Menschen starben. Mit in- und ausländischer Finanzhilfe wurde seither nicht nur mit beispielhafter Energie wieder aufgebaut, sondern ein regelrechtes Wirtschaftswunder in Gang gesetzt, das „Modello Friuli". Unter dem trotzigen Motto „Friaul lebt!" bauten die Friulaner ihre Heimatorte wieder auf, und zwar so weit wie möglich im alten Stil.

6

 Seite **85**

Im kleinen *Oratorio della Purità des 18. Jhs. an der Südseite des Doms hat Tiepolo ein Deckenfresko *Himmelfahrt Mariens (1759) von unbeschreiblich transparenter Farbigkeit hinterlassen. Zur Besichtigung wendet man sich nach 15.30 Uhr an den Küster im Dom.

Stimmungsvoll ist die *Piazza Matteotti, der alte Marktplatz Udines (seit 1278), mit einem Ensemble aus schmalbrüstigen historischen Häusern mit Laubengängen und dem malerischen Fassadenbild der Kirche *San Giacomo* (16. Jh.) mit dem benachbarten *Oratorium* (18. Jh). Daneben führt ein Durchgang zum ehem. Stadtgraben hinaus, wo man sich in der volkstümlichen *Osteria alla Ghiacciaia* (⑤) unter einer großen Glyzinie am Wasser für den weiteren Weg stärken kann.

Der älteste Markt Udines war die breite Kurve der **Via Mercatovecchio,** die von der Piazza della Libertà nach Norden verläuft. Hier und in der weiter stadtauswärts führenden *Via Gemona* stehen einige Gebäude aus dem 16. und 17. Jh., wie der Palazzo Antonioni.

Die etwas abgelegene *Galleria d'Arte Moderna wartet mit einer hochrangigen Sammlung italienischer Malerei des 20. Jhs. auf (Piazzale Paolo Diacono, ◷ tgl. außer Mo 9.30 bis 12.30, 15–18, So 9.30–12.30 Uhr).

APT, Piazza I Maggiore 6, ☎ 0432/295972, 🖷 504743.

Astoria Hotel Italia, Piazza XX Settembre 24, ☎ 0432/505091, 🖷 509070. Zentral, elegantes Restaurant. (⑤)
Albergo **La Foresteria,** Villa di Tissano, SS 352 10 km südl. von Udine in Tissano, ☎ 🖷 0432/990399. Stilvolles friulanisches Landhaus mit Park, Pool, Zoo und Reitmöglichkeit. (⑤)

Hotel und Osteria **La'di Moret,** Viale Tricesimo 276, ☎ 🖷 0432/545096. Am Stadtrand; Garten, Tennis, Pool, beliebte Trattoria. (⑤)

Alla Colonna, Via Gemona 98 (So, Mo mittags geschl.). Osteria mit Geschichte und viel Atmosphäre. (⑤)
Caffè Cancigh, Via Gemona 36. Das älteste Caffèhaus Udines. (⑤)

*Cividale del Friuli

(135 m, 11 141 Einw.). Man kann sich gut vorstellen, dass sich die langobardischen Krieger aus dem Norden hier wohl fühlten, zwischen Wasser, Fels, Wald und Hügeln. Die Stadt, deren Panorama sich jenseits des 20 m hohen *Ponte del Diavolo* (Teufelsbrücke) über der Natisone-Schlucht aufbaut, hat heute noch etwas von einer geschlossenen Festung. Die grauen Campanili ragen wie Wehrtürme über den Altstadthäusern auf, und die alten Gassen, die hier *strette* heißen *(stretto* = eng), liegen in tiefen Mauerschatten.

Von dem römischen *Forum Julii,* den die Stadt ihrer Gründung durch Julius Caesar verdankt, leitet sich der Name der Region, Friuli, ab, und von dem langobardischen *Civitas Forum Julii* der heutige Stadtname. Den Langobarden, die sie 568 zur ersten Hauptstadt ihres oberitalienischen Reiches machten, verdankt sie ihren Ruhm. 737 verlegten die Patriarchen des zerstörten Aquileia ihren Sitz nach Cividale und residierten bis 1238 hier. Heute kommen die Besucher wegen der einzigartigen Schätze aus der Langobardenzeit.

Weinlokale

Das Glas Wein in der Osteria heißt in Udine „tajut". Beliebte Treffs sind **La Ciacarade** in der Via S. Francesco beim Dom und **Al Vecchio Stallo** in der Via Viola.

*Tempietto Longobardo nennt man das kleine Oratorium von *Santa Maria della Valle* über einem Felshang am Natisone, das alle Erdbeben überlebte (◷ 10–13, 15.30–18.30 Uhr). Der von der Zeit gezeichnete, geheimnisvolle

6

Seite
85

Kapellenraum ist einer der eindrucksvollsten Räume des frühen Mittelalters. Über sein genaues Alter – ob 8. oder 9. Jh., langobardisch oder karolingisch – streiten sich die Gelehrten, auch die ursprüngliche Bedeutung ist nicht gesichert. Ganz ungewöhnlich sind die ursprünglich bemalten Stuckreliefs der Westwand mit einer Dekoration aus großen plastischen Rosetten, Trauben und einem steifen, durchbrochenen Rankensaum sowie einer Prozession von sechs großen weiblichen Gewandfiguren in byzantinischer Tradition.

Mehr über die Langobarden erfährt man beim Besuch des *Museo Archeologico am Domplatz, vorausgesetzt, man kann Italienisch lesen. Hier werden anhand reicher Gräberfunde Kleidung, Lebensweise und Kriegshandwerk der Langobarden dokumentiert (© 9–18.30 Uhr). Hauptwerke der Langobardenkunst enthält das *Museo Christiano des Doms, das achteckige *Taufbecken des Patriarchen Calixtus (737–756) mit Säulenbaldachin sowie den *Altar des Ratchis mit kerbschnittartigen, ornamental vereinfachten Figurenreliefs (© 9.30–12, 15–19 Uhr).

APT, Corso d'Aquileia 10,
☎ 0432/731398,
🖷 731398

Locanda al Castello,
Via del Castello,
☎ 0432/733242, 🖷 700901.
Restaurant mit Gästezimmern auf einer Burg in Hügellage außerhalb des Zentrums. Ⓢ

Taverna Longobarda heißt das Lokal mit typischer Regionalküche, Via Monastero Maggiore 5 (Di abends, Mi geschl.). Ⓢ

Tipp Schmuck im „Langobarden-Design" gibt es bei der Bottega Longobarda, Stretta Cerchiari 7 zu kaufen.

Der Weg nach Cormons führt durch Felder und Weinberge. Nach ca. 8 km liegt rechts die **Rocca Bernarda,** eine

Gotisch ist die Fassade, barock der Innenraum: Dom von Udine

Markt- und Volksplatz: Piazza Matteotti in Udine

6

Seite **85**

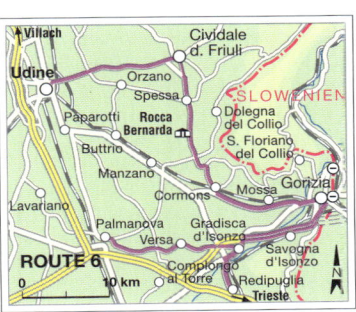

Cividales Teufelsbrücke über die Natisone-Schlucht

der typischen burgartigen Villen des Friaul mit vier Rundtürmen (1567), heute ein Weingut des Malteserordens, wo man auch Wein kaufen kann.

Cormons (56 m, 7566 Einw.) ist das Zentrum des Collio mit der renommierten *Enoteca regionale* am hübschesten Platz des Städtchens, wo man sich mit den guten Tropfen der Gegend bekannt machen kann (☾ Mi nachm. bis Mo 11–13, 17–22, im Sommer bis 24 Uhr).

Dass Cormons seit dem 12. Jh. der Grafschaft Görz angegliedert und von 1497 bis 1918 österreichisch war, kann man an den barocken Turmhauben der Kirche *Rosa Mistica,* eines heißgeliebten Denkmals für Kaiser Maximilian I., und an dem jährlich zur Sommerzeit stattfindenden Fest im benachbarten Weiler *Giassico* erkennen, bei dem der Geburtstag Kaiser Franz Josephs gefeiert wird.

Touristeninfo: Enoteca, Piazza XXIV Maggio.

 In **Villanova de Judrio** (ca. 4 km W) kann man sich in einem antik möblierten Herrenhaus einmieten. ☎ 🖷 0432/758000. Ⓢ

 **Al Cacciatore,** Subida da Monte (außerhalb von Cormons, Di, Mi geschl.). Küche mit slowenischem Einschlag, u. a. Wildgerichte; Gästezimmer. Ⓢ
Al Giardinetto, Via Matteotti, 54 (Mo, Di geschl.). Erstklassige Friulaner Küche und Weine. Ⓢ
Il Mulino in Visinale (Richtung Cividale), Via S. Martino 17 (Mi geschl.). In einer restaurierten alten Mühle. Ⓢ–Ⓢ

Von Cormons nach Görz empfiehlt sich eine Fahrt über die **Weinstraße** des Collio: über Subida – Pradis – Spessa (berühmtes Weingut M. Schioppetto) – Russiz Superiore (ausgezeichnete Weine des Guts Felluga) und an der slowenischen Grenze entlang nach *San Floriano del Collio,* einem Weinort in wunderschöner Panoramalage.

 Das **Castello di San Floriano** (Golfhotel und Restaurant) der Grafen Formentini (Weingut) ist die einladendste Herberge des Collio (Golf, Pool, Tennis, Reiten). ☎ 0481/ 884051, 🖷 884052. Ⓢ

Entlang der Weinstraße gibt es eine Reihe von Osterien und Buschenschenken *(private)* zum Einkehren. Einige Winzer bieten auch Unterkünfte an. Infos: Agriturismo, APT Cormons.

In **Oslavia** (4 km) vor Görz erinnert ein Kriegerdenkmal an 60 000 Gefallene des Ersten Weltkriegs.

*Gorizia/Görz

Das italienisch-österreichisch-slowenische Gorizia/ Görz/Gorica (84 m, 38 400 Einw.) hat ein schwieriges historisches Erbe. Der Grenzstadt-Status am Schnittpunkt verschiedener Kulturen bestimmte und belastete sein Schicksal ähnlich wie das von Triest. Bis heute ist die Stadt geteilt. Auf der italienischen Seite liegt der größte Teil mit der Altstadt, jenseits der Bahn das slowenische *Nova Gorica.*

Aus Bayern stammten ursprünglich die Grafen von Görz, die seit dem frühen 12. Jh. die Herrschaft über den Burgort und danach über ein großes verstreutes Territorium erlangten, zu dem u. a. Tirol, Kärnten und ein Teil Istriens gehörten. In die Zange zwischen Venedig und Habsburg geraten, fiel Görz nach dem Tod des letzten Grafen (1500) an das Habsburgerreich. Schwer umkämpft im Ersten Weltkrieg, wurde es nach dem Untergang der Donaumonarchie 1918 italienisch. Trotz Kriegsschäden hat Görz viel von seinem k. u. k.-Charme bewahrt. Das historische Zentrum besteht aus der Oberstadt um die Burg und der Unterstadt entlang der Straßenachse, die Teil der Transitroute zwischen Italien und Osteuropa war.

***Oberstadt.** Zentrum von Görz ist die Burg auf dem 150 m hohen **Borgo Castello** (Fußweg durch den Stadtpark).

6

Seite
85

Burg und Burgviertel, im Ersten Weltkrieg schwer beschädigt, wurden in
den 1930er-Jahren rekonstruiert.

Ein Besuch des *Castello mit seinen
historisch möblierten Zimmerfluchten
lohnt sich schon wegen der *Aussicht
(◷ tgl. außer Mo 9.30–13.30, 15–19.30
Uhr). Das *Museo provinciale della
Grande Guerra* zeigt u. a. eine Dokumentation der Isonzoschlachten
(s. S. 80; ◷ tgl. außer Mo 10–18 Uhr).

Unterstadt. Der Viale G. d'Annunzio
führt vom Castello zur **Piazza Cavour,**
dem ältesten Marktplatz der Unterstadt, der sich seit dem Mittelalter am
Fuß des Burgbergs entwickelte. Die be-
nachbarte *Piazza S. Antonio* entstand
an der Stelle eines Franziskanerklos-
ters, zu dessen Kreuzgängen die Arkaden am Platz gehörten. Der *Palazzo
Lantieri* am Platzende (Nr. 2) rühmte
sich berühmter Gäste, darunter Casa-
nova, Goldoni und Papst Pius VI. (Ausstellungen). An der Rückseite der
Piazza Cavour liegt der *Dom* (nach dem
Ersten Weltkrieg erneuert) mit barocker
Innenausstattung um 1700.

Die *Via Rastello,* die Hauptstraße des
mittelalterlichen Görz, mit der *Casa
Volker* von 1441 führt von der P. Cavour zur **Piazza della Vittoria,** lange

*Zeugnis der Vergangenheit:
Tempietto Longobardo in Cividale*

*Über Gorizia/Görz wacht die
trutzige Burgfestung*

6

Seite
85

Wer waren die Langobarden?

Wahrscheinlich stammten die langbär-
tigen Kriegernomaden, die 568 in Itali-
en einfielen und in einer Blitzaktion die
Halbinsel eroberten, aus Skandinavien.
Ihr erster Herzogssitz wurde Cividale,
ihre Königsstadt Pavia. Ein schauerli-
ches Drama, gemixt aus Verrat, Mord
und Rache, erzählt man sich vom ersten König Alboin und seiner Gattin
Rosamunde. Wenig weiß man trotz
langer Forschung über die Langobarden, die 200 Jahre den größten Teil Italiens beherrschten. Nach ihrer Nieder-
werfung durch Karl d. Gr. gingen sie
spurlos in der Bevölkerung auf. Nur

noch ein paar Wörter (z. B. *scherzo,
fiasco* oder *guerra,* der Krieg) und der
Name der Lombardei erinnern an das
Eroberervolk. Die wenigen Relikte aus
langobardischer Zeit stammen fast alle
aus der Gegend von Cividale: die Lang-
dolche der Krieger, Fibeln, Broschen
und goldene Kreuze. Gold- und Waf-
fenschmiede besaßen sie wohl selbst,
alles andere wurde in Auftrag gegeben
oder importiert. In dem multikulturellen Formenmix der erhaltenen Archi-
tektur- und Skulpturfragmente über-
lagern sich Motive aus der römischen
Antike, Byzanz und dem Orient.

der große Markt-, Fest- und Parade-platz der Stadt. Hier steht die große barocke Jesuitenkirche * Sant'Ignazio (1654–1724).

Weiter nach Norden geht es durch die *Via Carducci* mit schönen Bürgerhäu-sern zur **Piazza Amicis** mit dem *Palazzo Attems-Petzenstein,* um 1740 von Ni-colò Pacassi, dem wichtigsten Görzer Baumeister des 18. Jhs., errichtet. Links am Palast vorbei führt eine Straßen-kurve ins ehemalige jüdische *Ghetto* (Via Ascoli) mit Synagoge des 18. Jhs.

Heutige Hauptachse der Stadt ist der nach Süden führende * **Corso G. Ver-di/Corso Italia** mit verlockenden Ge-schäften und pittoresken Häuser-En-sembles. Der Corso Italia, ab 1864 als Verbindungsstraße zum Bahnhof ent-standen, besitzt schöne Fassaden vom Historismus bis zum Jugendstil und ist der gesellige Mittelpunkt der Stadt. Ein barocker Palast mit englischem Park ist das *Municipio* (Rathaus, vom Corso Verdi über die Via Garibaldi zu errei-chen, ⏲ 7.30–19, So 9–12 Uhr).

 APT, Via Diaz 16 (in Nähe des Corso Verdi), ☎ und 📠 0481/533870.

 Palace Hotel, Corso Italia 63, ☎ 0481/82166, 📠 31658. Im Herzen der Stadt frisch renoviert, mit Garage. Ⓢ

 Luna, Via G. Oberdan 13, beim Corso Verdi (So abends, Mo geschl.). Küche der Donaumonarchie. Ⓢ
Rosen Bar, Via Duca d'Aosta 96 (So, Mo geschl.). Die älteste Osteria von Görz mit „cucina mitteleuropea". Ⓢ

Von * Gradisca d'Isonzo nach Palmanova

Ins Zentrum von **Gradisca d'Isonzo** (32 m, 6500 Einw.) führt ein gepflegter Park mit alten Kastanienbäumen, ge-säumt von Caféterrassen. Das schmucke Städtchen, ein kleines regel-mäßiges Planquadrat mit Burgruine,

auf drei Seiten von den alten Mauern und Toren umgeben, wurde von den Venezianern ab 1497 als Bollwerk ge-gen die Türken errichtet. Schon 1509 fiel die Festungsstadt an die Habsbur-ger und blieb bis 1918 österreichisch. Barocken Charme haben die kleinen Straßen der Altstadt bewahrt, deren Gesicht das 18. Jh. prägte, als Gradisca vorübergehend selbstständige Graf-schaft war. Die repräsentativsten Bau-ten stehen in der Via Ciotti, u. a. der * *Palazzo Torriani* (1644–1705), heute Rathaus und das Museum friulanischer Malerei *Luigi Spazzapan* (⏲ tgl. außer Mo 10 bis 12.30, 15.30–18 Uhr). An der Via Bergamas erhebt sich der kleine *Dom* mit plastisch-barocker Fassade.

 APT, Via Ciotti 49 (Palazzo Torriani), ☎ 0481/99217, 📠 99880.

 Gute Collio-Weine zu herr-lichem Prosciutto offeriert die **Osteria Mulin Vecio**, Via Gorizia 2 (Mi, Do geschl.). Ⓢ
Eine Institution für Weinliebhaber ist die **Enoteca La Serenissima** in der Via Battisti.

* **Palmanova** (27 m, 4900 Einw., beim Autobahnkreuz A4/A23) müsste man eigentlich aus der Luft betrachten, um seine geometrische Anlage als regel-mäßiger neuneckiger Zackenstern und radialer Straßenführung gebührend zu würdigen.

Es entstand 1593–1683 als venezia-nische Festungsstadt – Bollwerk gegen die Türken und Machtdemonstration gegenüber Österreich. Doch das Projekt erwies sich als Fehlinvestition. Statt der geplanten 20 000 Bewohner er-reichte Palmanova höchstens 2000 und wurde lediglich als Kaserne benutzt. Ironie der Geschichte: Napoleon fällte hier 1797 mit der Unterzeichnung der Kriegserklärung an Venedig das To-desurteil für die tausendjährige Mar-kusrepublik. Das Dokument ist im *Civi-co Museo Storico* (Borgo Udine, W des Hauptplatzes) aufbewahrt (⏲ tgl. außer Mi 10–12, 16–19 Uhr).

Route 7

Über den Tagliamento nach Karnien

*Udine – *Spilimbergo – Gemona –
*Venzone – Tolmezzo – Zuglio
(ca. 150 km)

Die Route führt von Udine nach Westen über die Dogenvilla in Passariano zum Tagliamento. Am anderen Ufer geht es nach Norden bis Spilimbergo und über den Fluss zur Schinkenstadt San Daniele. Das Erdbeben hat die alten Städte Gemona und Venzone gezeichnet. Endpunkt ist Tolmezzo, das Zentrum des karnischen Alpenlands und Ausgangspunkt für Ausflüge in die Täler. (Dauer: etwa zwei Tage)

Vom Erdbeben verschont: gotisches Fresko in Gemona

*Villa Manin

Etwa 23 km westlich von *Udine (s. S. 82) zweigt man kurz vor Codroipo von der SS13 nach **Passariano** (35 m, 15 000 Einw.) ab, wo sich die venezianische Patrizierfamilie Manin auf ihrem Gut im 18. Jh. einen schlossartig großen Villenkomplex errichten ließ. Die majestätische **Villa Manin** war die Residenz des letzten venezianischen Dogen Ludovico Manin (1789–1797), später Hauptquartier Napoleons, der sie „zu groß für einen Grafen, zu klein für einen König" befand und hier 1797 den Friedensvertrag von Campoformio (s. S. 13) unterzeichnete, mit dem das Ende der Republik Venedig besiegelt wurde. Heute ist die Villa Kultur- und Ausstellungszentrum (🕐 tgl. außer Mo 9–12.30, 14–17 Uhr). Großer Park mit Seen, Hügeln und Statuen. Luxuriöses *Ristorante del Doge* (Mo geschl., 💲).

Tipp *Veranstaltungen:* **Konzertsommer** Juli/August; **Antiquitätenmessen** April und Dezember.

7

Seite
89

5 km jenseits des Tagliamento liegt **Casarsa della Delizia,** wo P. P. Pasolini seine Jugendjahre verbrachte und seine ersten Gedichte in friulanischer Sprache schrieb („Poesie a Casarsa", 1942). Auf dem *Friedhof* ist er neben seiner Mutter begraben. Von Casarsa sind es nur 14 km bis Pordenone (s. S. 76).

Einkaufen: **La Delizia** (Via Udine 24) bietet preiswerte Weine der Winzergenossenschaft von Grave del Friuli.

An der Strecke nach Spilimbergo liegt **Valvasone** (5 km), das einen historischen Ortskern besitzt sowie in der Pfarrkirche eine * *Renaissanceorgel* von 1552 mit von Pordenone bemalten Flügeln. In **Provesano** sind die * *Fresken* (1496) von Gianfrancesco di Tolmezzo im Chor der Pfarrkirche sehenswert.

Von * Spilimbergo nach San Daniele del Friuli

Auf einer Terrasse über dem Tagliamento liegt der alte Ort **Spilimbergo** (132 m, 11 000 Einw.) mit einer traditionsreichen Mosaikschule.

Von den mittelalterlichen Bauten des *Castello* überlebte nur der * *Palazzo Dipinto* (15. Jh.) mit seinen gut erhaltenen Außenfresken die Erdbeben von 1511 und 1976. Waltherpertoldo von Spengenberg legte 1284 den Grundstein zum * *Dom* (1284–1376; reicher Freskenschmuck). Ein wichtiges Werk Pordenones sind die 1524/1525 bemalten * *Orgelflügel* mit effektvollen Verkürzungen von manieristischer Dynamik. Im Gegensatz zur wenig geglückten Wiederherstellung des Ensembles um den Domplatz nach dem Erdbeben vermittelt der *Corso Roma,* den man durch einen großen Torturm (mit netter Enoteca „Torre Orientale") betritt, sehr viel authentische Atmosphäre.

Info: Pro Spilimbergo, im Castello.

 La Torre, im Palazzo Dipinto des Kastells (So abend, Mo geschl.). Schlichtes Understatement, kleine Karte, feine Weine. Ⓢ

Da Afro, Via Umberto I 14 (Di geschl.). Nicht billig, aber jede Lira wert. ⓈⓈⓈ

 Für Fotofans: Foto-Ausstellungen; Fotoartikel-Flohmarkt im Juli.

In **San Daniele del Friuli** (252 m, 7500 Einw.), auf einem der ersten Moränenhügel gelegen, die von der Ebene zu den Bergen überleiten, machen die Häuser der Altstadt, der barocke Dom und die Rathausloggia aus der Renaissance einen ziemlich neuen Eindruck, Resultat von Restaurierung und Rekonstruktion nach den schweren Erdbebenschäden von 1976.

Gut erhalten ist die spätgotische Kirche *Sant'Antonio Abate* (Via Garibaldi) mit einem * Freskenzyklus (1498–1522) von Pellegrino San Daniele – nach Pordenone der wichtigste Renaissancemaler des Friaul.

 APT, Via Roma,
☏ 0432/940765,
🖷 940765.

 Al Ponte, Via Tagliamento 13 (Mo, Di geschl.). Herzhafte Gerichte, im Winter am *focolâr,* sommers im Garten. Ⓢ

Tipp Jährlich Ende August großes **Schinkenfest,** Probierstände und Tische im Freien.

Auf der Weiterfahrt zur SS13 nach Gemona kommt man an dem schon von weitem sichtbaren **Castello di Colloredo di Monte Albano** in Panoramalage vorbei. Die großartigste Wohnburg des Friaul wurde durch das letzte Erdbeben stark beschädigt. Die Patina des historischen Bauwerks ist trotz aller Wiederaufbaubemühungen unwiederbringlich verloren, nicht nur der größte Teil der berühmten Fresken von Giovanni da Udine. Das Castello ist wie die übrigen Burgen und Villen des Friaul nur nach Voranmeldung zu besichtigen.

 Exklusive Führungen für Besucher:
„Visite Esclusive e Guidate",
☏ 🖷 0432/503031.

Die **Taverna** ist eines der anspruchsvollsten Restaurants im Friaul (So abend, Mi geschl.). $

Bei der Einmündung der Landstraße in die SS13 liegt Tricesimo mit der **Antica Trattoria Boschetti,** dem klassischen großen Gourmettempel Friauls (So abends, Mo geschl., preiswertes Mittagsmenü; $).

Gemona del Friuli

Die Ortschaft (230 m, 11400 Einw.), in Hanglage über dem Tagliamento, und das 8 km entfernte Venzone (s. S. 92) im Tal lagen dem Epizentrum des Erdbebens von 1976 am nächsten und wurden fast völlig zerstört. Zumindest im Kernbereich ist durch den Wiederaufbau das alte Gesicht wieder erkennbar. Beide Städte liegen an der alten Verbindungsstraße am Tagliamento (heute SS13), die es als *Via Augusta* schon zur Römerzeit gab. Beide hatten Zoll- und Marktrecht und unter dem Patriarchat von Aquileia eine weitgehend autonome Selbstverwaltung.

Gemona war immer der größere und bedeutendere Ort. Das sieht man schon an dem mächtigen, romanisch-gotischen **Dom** (1290–1337), der am wenigsten beschädigt wurde. Seine Fassade besitzt ein eigenwilliges Bildwerk: eine Statuengalerie mit einer thronenden Madonna, flankiert von den Heiligen Drei Königen. Rechts weist der Engel den in Schlaf Versunkenen im Traum den Weg, links bringen sie dem Kind ihre Gaben dar. Ungewöhnlich ist auch die 7 m hohe Riesenfigur des hl. Christophorus. Der Innenraum wurde im 15. Jh. umgebaut (im 19. Jh. restauriert). Interessant die sog. Krypta, zwei unterirdische Kapellenräume mit * *Kreuzigungsfresko* (14. Jh.).

Angenehme Rast verspricht das *Caffè al Duomo* gegenüber dem Dom. Die vom Dom in die Stadt führende *Via Bini* hat ihren alten Charakter weitgehend wiedergewonnen.

In der Villa Manin in Passariano wohnte der letzte Doge

In San Daniele kauft man Schinken

Prosciutto aus San Daniele

Schweinernes war immer die Wirtschaftsbasis für die seit 1139 bestehende Marktgemeinde. Den zartsüßen, luftgetrockneten Schinken von San Daniele ließen sich schon im Mittelalter Bischöfe und Prälaten auf der Zunge zergehen. Seinen unverwechselbaren Geschmack erhielt er durch das Klima am Ort mit wechselnd feuchter und trockener Luft. Heute werden unter dem gesetzlichen Gütezeichen DOT ca. 1,7 Mio. Schinken pro Jahr produziert; das Mikroklima wird in Produktionshallen künstlich erzeugt. Zum Probieren lädt u. a. die *Casa del Prosciutto* (Via Ciconi) ein. Bei *Prolongo* (Viale Trento e Trieste 117) kann man noch nach traditioneller Art erzeugten Prosciutto kaufen!

7

Seite **89**

Info: Pro Gemona, Via Caneva 15.

 Boschetto, Via S. Daniele (Mo geschl.). Klassisch italienische Küche; Gastgarten. Ⓢ

Praktisch die gesamte Altstadt von *Venzone (230 m, 2324 Einw.) ist zusammen mit ihrem mittelalterlichen Mauerring 1976 durch Erdstöße in Trümmer gelegt worden. Hier, wo die Zerstörung am größten war, hat man den ummauerten alten Ortskern um die Piazza mit dem *Palazzo Comunale* mit besonderer Sorgfalt und finanzieller Hilfe aus dem Ausland rekonstruiert. Heute fasziniert die gelungene Wiederherstellung ebenso wie früher das historische Ensemble. Der *Dom* wurde aus dem originalen Steinmaterial wieder aufgebaut.

Tipp Zu empfehlen ist die Trattoria **Caffè Vecchio,** Via Mistruzzi 2 (Di geschl.). Ⓢ

Tolmezzo

Der Hauptort *Karniens* (323 m, 10 700 Einw.), des gebirgigen Nordens von Friaul, liegt am Zusammenfluss von Tagliamento und But. Als „Tumez" im 12. Jh. im Besitz der Patriarchen von Aquileia erstmals aktenkundig, ist es bis heute das kommerzielle Zentrum der karnischen Region. Um 1500 florierte die sog. *Schule von Tolmezzo.* Der bedeutendste Repräsentant ist Gianfrancesco di Tolmezzo (1450–1510), Lehrer von Pordenone, dem größten Renaissancemaler des Friaul. Im 18. Jh. war Tolmezzo mit seinen Webereien, die damals bereits 4500 Arbeitskräfte (vorwiegend Frauen) beschäftigten, ein wichtiges Produktionszentrum in der Frühgeschichte der Industrialisierung.

Eine beinahe alpine Atmosphäre besitzt die *Altstadt mit schattigen Laubengängen, hölzernen Klappläden und vorspringenden Dachtraufen. Hauptplatz ist die Piazza XX Settembre mit der *Pfarrkirche,* die mit einem Bilderzyklus des karnischen Barockmalers Nicola Grassi geschmückt ist.

 Laubencafé und **Ristorante Roma** (mit karnischer Regionalküche). Ⓢ

Sehr sehenswert ist das volkskundliche *Museo Carnico delle Arti Populari* (Piazza Garibaldi 2, ⏲ tgl. außer Mo 9–12, 14–18 Uhr).

Tolmezzo liegt am Eingang zu mehreren Tälern der Karnischen Alpen, die einen Abstecher lohnen (s. Übersichtsplan). Am Tagliamento entlang gen Westen kommt man ab **Socchieve** mit der Kirche *San Martino,* die *Fresken von Gianfrancesco da Tolmezzo enthält, in die touristisch erschlossene Region der Forni Savorgnani. Über *Ampezzo* gelangt man zum schön gelegenen **Forni di Sopra.** In *San Floriano,* dem Zentrum der Skiregion *Varmost,* sind *Fresken von Gianfrancesco da Tolmezzo (um 1500) zu bewundern.

Von Ampezzo führt eine kurvige Fahrt ins *Val Lumiei* zu der Streugemeinde von **Sauris di Sopra** (38 km, 1400 m), einer altbayerischen Sprachinsel mit charakteristischen Bauernhäusern und renommierter Schinkenproduktion (zum Probieren: Trattoria **Alla Pace** in Sauris di Sotto, Via Roma, Ⓢ). Lohnend ist auch eine Fahrt von Tolmezzo aus über das Degana-Tal *(Canale di Gorto)* ins *Val Pesarina* nach **Prato Carnico** (*Flügelaltar von 1534 in der Pfarrkirche) und nach **Pesariis** (29 km), wo durch die lange Abgeschiedenheit des Tals zahlreiche alte Häuser, z. T. aus dem 16./17. Jh., erhalten sind.

Von Tolmezzo aus fährt man nach Norden im Tal des But zum Plöckenpass, wo man nach 16 km **Zuglio** erreicht, ehemals *Julium Carnicum,* der äußerste römische Vorposten gegen die transalpinen Völker (Ausgrabungen). Nahebei liegt auf einem Waldhügel an der Straße nach Fielis die älteste Kirche Karniens, die *Pieve di San Pietro in Carnia,* gegründet im 5. Jh.; der heutige Bau (8. und 14./15. Jh.) zeigt eine reiche Ausstattung, u. a. Holzskulpturen und ein geschnitztes *Altarretabel* von Domenico da Tolmezzo, 1494.

7

Seite 89

Praktische Hinweise von A–Z

Ärztliche Versorgung

Mitglieder einer gesetzlichen Krankenkasse haben Anspruch auf kostenlose medizinische Behandlung gegen Vorlage eines Auslands-Krankenscheins (Anspruchsausweis sowie nähere Auskünfte bei den Krankenkassen). Für die Erstattung bar bezahlter Medikamente und Privatrechnungen von Ärzten benötigt man eine aufgeschlüsselte Quittung. Wer ganz sicher gehen will, sollte eine private Auslandsreise-Krankenversicherung abschließen.

Busverkehr

Die Terminals für Überlandbusse *(Autostazione, Terminal Autolinee)* liegen immer direkt beim oder nur ein paar Schritte entfernt vom Hauptbahnhof *(Stazione Centrale)*. Dort erhält man auch Auskunft über Fahrpläne und kauft die Fahrkarten. Die Tickets für die Busse im Stadtverkehr kann man *nicht* beim Fahrer kaufen, sondern nur in den Zeitungsläden *(tabacchi)*. Sie müssen an den Automaten im Bus entwertet werden.

Diplomatische Vertretungen

Deutsches Konsulat: Venedig, Cannaregio, 4201, ☎ 041/5237675; Triest, Via Cellini 3, ☎ 040/364396. Österreichisches Konsulat: Venedig, Piazzale Roma 461A, ☎ 041/5200459; Triest, Via F. Filzi, ☎ 040/61797. Schweizer Konsulat: Venedig, Dorsoduro 810, ☎ 041/5225996.

Feiertage

Gesetzliche Feiertage sind in Italien: 1. u. 6. Januar, Ostermontag, 25. April (Staatsfeiertag), 1. Mai, 15. August („Ferragosto"), 1. November, 8. Dezember, 25./26. Dezember.

Geld

Die italienische Lira (Lit., L.) gibt es in Banknoten zu 1000, 2000, 5000, 10 000, 50 000 und 100 000 Lire, Münzen zu 50, 100, 200 und 500 Lire. Beim Bargeldwechsel auf der Bank und beim Eintausch von Eurocheques (maximal Lit. 300 000 pro Scheck) werden Gebühren erhoben. Zahlreiche ec-Automaten erlauben problemloses Geldabheben. Die meisten Hotels, Restaurants und Geschäfte akzeptieren Kreditkarten. Devisen: Nur Beträge über 20 Millionen Lire müssen bei der Ausreise deklariert werden.

Information

Informationen erhält man in den Büros des Staatlichen Italienischen Fremdenverkehrsamtes (ENIT).
In Deutschland:
Karl-Liebknecht-Str. 34, 10178 Berlin
☎ 0 30/23 14 69 17, 🖷 0 30/23 74 10.
Kaiserstraße 65, 60329 Frankfurt/M.,
☎ 0 69/23 74 30, 🖷 23 28 94.
Goethestraße 20, 80336 München,
☎ 0 89/53 03 69, 🖷 53 45 27.
In Österreich:
Kärntner Ring 4, A-1010 Wien,
☎ 01/5 05 16 39, 🖷 5 05 02 48.
In der Schweiz:
Uraniastrasse 32, CH-8001 Zürich,
☎ 01/2 11 36 33, 🖷 2 11 38 85.

In *Italien* informiert man sich bei in den einzelnen Städten angegebenen örtlichen Büros der APT (Azienda di Promozione Turistica).

Kleidung

Italiener lieben Eleganz und würden sich in der Stadt nie mit bunter Freizeitkleidung und kurzen Hosen auf der Straße und im Restaurant blicken lassen. Achtung: Am Eingang zum Santo in Padua werden Besucher mit unpassender Kleidung rigoros zurückgewiesen!

Kriminalität

Da das Binnenland von Veneto und Friaul kein Ziel des Massentourismus ist, muss man hier keine Angst vor Trickdieben und Autoknackern haben. Nur in den großen Städten Verona, Padua und Triest stellt man das Auto besser auf einem bewachten Parkplatz oder (über Nacht) in der Hotelgarage ab. Wertsachen und Dokumente wie überall nicht im Auto liegen lassen!

Notruf

Polizei (Unfallhilfe): 113, Carabinieri: 112, Pannendienst des ACI: 116

Öffnungszeiten

Geschäfte machen in der Regel eine lange Mittagspause, im Allgemeinen von 13–17 Uhr. Abends ist bis 19.30 Uhr geöffnet, auch samstags.

Banken sind Mo–Fr 8.30–13.20 und 14.45–15.45 geöffnet.

Postämter Mo bis Fr 8.45–13.45, Sa bis 11.45.

Achtung: *Kirchen* werden meist pünktlich zum 12-Uhr-Läuten geschlossen. Nicht alle öffnen am späten Nachmittag wieder! Öffnungszeiten der *Museen* wechseln häufig! Fast immer ist montags geschlossen.

Parken

Die Innenstädte sind teilweise für Privatfahrzeuge gesperrt. Es ist bis auf die Siesta-Zeit schwierig, einen Parkplatz zu ergattern (pro Stunde meist 1500 Lire, am Automaten zu bezahlen). Bewachte Parkplätze sind oft teuer.

Postgebühren

Das Auslandsporto von Italien in EU-Länder beträgt für eine Postkarte 700 Lire, für einen Brief (bis 20 g) 800 Lire, ebenso in die Schweiz. Briefmarken heißen *francobolli* und sind entweder auf der Post oder in Schreibwarenhandlungen mit dem schwarzen T („tabacchi") erhältlich.

Rechnungen

Bei Dienstleistungen (Restaurants, Autowerkstätten etc.) muss die MwSt (IVA) enthalten sein. Rechnungen kurzzeitig aufbewahren, bei Kontrollen kann sonst eine Geldstrafe anfallen.

Taxi

Es gibt zu wenig Taxis, und die Tarife sind recht hoch. Der Taxometer-Preis kann sich durch Gepäckzuschlag, Nachttarif etc. deutlich erhöhen.

Telefon

Neben den öffentlichen Fernsprechämtern der Telecom Italia gibt es überall ausreichend Telefonhäuschen. Die meisten öffentlichen Telefone funktionieren mit einer Telefonkarte („carta telefonica"), die man im Wert von 5000, 10 000 oder 15 000 Lire bei den „tabacchi" (s. Postgebühren) und den Filialen der Telecom Italia kaufen kann. Einige Apparate nehmen auch noch Münzen zu 100, 200 und 500 Lire oder einen „gettone" im Wert von 200 Lire. Auch bei Stadtgesprächen muss die Ortsvorwahl angewählt werden (z. B. in Verona: 045/...). Die Vorwahlen von Italien aus sind: nach Deutschland 0049, Österreich 0043, Schweiz 0041.

Trinkgeld

wird grundsätzlich für alle persönlichen Dienstleistungen (im Café, im Hotel etc.) erwartet. In Restaurants sind 10 % des Rechnungsbetrages üblich, wobei man das Trinkgeld auf dem Tisch liegen lässt, nachdem die Bedienung das Wechselgeld gebracht hat.

Zoll

Innerhalb der EU-Länder sind Geschenke und Mitbringsel zollfrei.

Bei Waren für den persönlichen Gebrauch gelten folgende Richtmengen: 800 Zigaretten, 10 l Spirituosen, 90 l Wein pro Person. Für Schweizer: 200 Zigaretten, 1 l Spirituosen, 2 l Wein, Mitbringsel bis ca. 200 sFr.

Register

Orts- und Sachregister

REGISTER

Bildnachweis

Alle Fotos Gerold Jung außer Archiv für Kunst und Geschichte, Berlin: 13/2, 19/1; Herbert Hartmann: 13/1, 23, 25, 35/2, 45/2, 47/2, 91/1; Daniele Messina: 65; Libuse Luppi: 1, Umschlag (hinten/2); Heidrun Reinhard: 6, 7/1, 19/2-3, 21/1-2, 27, 29/2, 37/1, 47/1, 51/1, 53, 55, 57, 59, 61, 63, 69, 71/3, 75, 77/3, 83, 87/1, 89; Rüdiger Schmitz-Normann: 11/2; Tony Stone/Joe Cornish: Umschlag (Bild); Superbild/ Bernd Ducke: Umschlag (Flagge).